AI時代に輝く子ども

STEM教育を実践してわかったこと

中村一彰

CCCメディアハウス

はじめに

子どもの未来を決めるのは、〝ＡＩ時代を生き抜く力〟

ＡＩ時代がやってきたら、こんな世の中になる――。

最近はそうした話題をよく耳にします。どんなものにも一長一短あるものですが、新しい技術が台頭するとき、「こんなに便利な世の中になる」というプラスイメージの話題がまず広まります。そのあとで、「いやいや、いいことばかりではないんですよ、こんな困ったことも起こりうるのですよ」という話題が出てくるものです。

いつの時代でもそうでした。テレビが出てきてしばらくすると、「一億総白痴化のメディアである」と喝破した著名な評論家がいたそうです。インターネットが登場してしばらくすると、やはり同じような議論が起こりました。それがいまではＡＩに起こっています。

ＡＩとは、artificial intelligence の略で、「人工知能」と訳されています。ＡＩの台頭も例によってプラスイメージを想起させるものより、仕事がなくなるなどの不安をあおるような話題が多くなってきています。そのもっとも衝撃的なものが「ＡＩに仕事が奪われる」といったものでしょう。

そのため、「ＡＩに奪われないような仕事ができるようにならなければならない」という考えも出てきますし、子育て世代の親たちは、「ＡＩ時代に活躍できる子に育てなければ」と焦りを感じているかもしれません。

小学校では２０２０年度から新しい学習指導要領に沿った学習が始まります。今後のグローバル社会化、ＡＩ社会化を見据えた改革になる見通しです。

いま教育はこうした過渡期であるがゆえに、私たちも不安になりがちですが、そう心配する必要はありません。時代の流れにはあらがえませんし、子どもたちの力を信じて、彼らがイキイキと生きていけるような環境や仕組みを整えていけばいいのです。

ＡＩ社会で輝く子とは、常識にとらわれずに、仲間とコンピュータでコラボレーションできる子です。学力はもちろん大切ですが、これからの時代に輝くために子どもたちに身につけてほしい能力について、本書ではお話ししていきます。

ＡＩ時代に高めるべき能力とは何でしょうか。

まずは「広くて深い思考ができること」であると、私は考えています。

２０１２年に起業したヴィリングという会社で、私は小学生を対象に「ＳＴＥＭＯＮ（ステモン）」という日本初のＳＴＥＭ（ステム）教育スクールを２０１４年から開校しています。

ＳＴＥＭとは、「Science（科学）」「Technology（先端技術）」「Engineering（工学技術）」「Mathematics（数学）」それぞれの頭文字をとった言葉で、科学・技術・工学・数学の教育分野を総称しています。ＳＴＥＭ教育はこの４つの学問の教育に力を注ぎ、ＩＴ社会やグローバル社会に適応した国際競争力を持った人材を育てようという21世紀型の教育システムです。

ただ、単に「科学技術」や「ＩＴ技術」に優れた人を育てるというだけでなく、その根底には自発性、創造性、問題解決力といった諸々の能力を高めていくという意図があります。

さて、このステモンで子どもたちに教える講師を募集すると、東大、東工大、慶應大、早稲田大といった大学の、理工系の優秀な学生が応募してくれます。

彼らに面接で、「周りに絶対にこの人にはかなわないなというほど頭の良い友人はいる？」「その人とは何が違うの？」と聞いてみると、おもしろいことに、みな異口同音に「思考の広さ深さが格段に違う」と言います。それは具体的にどういうことかと聞いても、「とにかく思考の広さ深さが圧倒的に違うとしか言いようがない」と答えるのです。

ステモンでは、「物理などの原理」や「ものの仕組み」を学んで制作物をつくることで、知識をリアルに感じて学んでもらうことを目指しています。知識として習うものの仕組みは、実は技術や工夫となってさまざまな生活の場面で活用されていることを理解し、それが私たちの社会を豊かにし、さらにはみんなの幸せにも寄与していることに気づく——これこそが〝学ぶ〟意義だと言えるでしょう。

そこに気づくことができれば、子どもは自らどんどん学びたくなります。

一方で、勉強が嫌いになる子は、学んだことを理解しているかどうかあとで試されることを意識しています。そして試された結果、点数化され、比較されることをイメージします。結果が悪ければ叱責されることもわかっているので、「学ぶ＝苦しい」と思ってしまうのです。

学びとは、「新しいことを発見する喜びと、世の中を便利にしたり安全にしたりするために活用するもの」であると捉えるのか、それとも「知識を覚えて後で試され、評価され、比較されるもの」と捉えるのか。

ステモンでは、本来の学びとは前者であると定義しています。〝学び〟に対するこの両者の捉え方の違いは非常に大きいのです。とくに10歳までにどう捉えるかが大事だと考えています。

この価値観に慣れた子どもは、考えることを楽しみ、「わかった！」という発見をする喜びを感じながらぐんぐん伸びていきます。そして「広くて深い思考」ができるようになっていくのです。これが、「本当の賢さ」につながっていきます。学力だけでなく「本当の賢さ」を持った子は、ＡＩ社会でも活躍することができるでしょう。

私は大学の教育学部で学んでいながら教師にはならず、大手の民間企業に就職しました。その後、創業間もないベンチャー企業に転職し、上場するまでのあいだ、新規事業と人事部を任されました。その経験のなかで、大手企業ではどのような能力が求められるのか、ベンチャー企業で必要とされる能力は何かを知りました。

起業してからは、ステモンのほかにも探究型学習スクール「ＢＯＫＥＮ（ぼうけん）」、次世代型の民間学童保育「スイッチスクール」を主宰し、学校や塾、そして家庭とも違う環境での子どもたちの姿を見てきました。最近では東京と大阪の教育委員会からの委託を受け、２０２０年度から始まるプログラミング教育の推進事業者として、公立小学校のプログラミングの授業で実際に教鞭をとったりもしています。

気づけば、５年で１０００人以上の幼児・小学生とかかわってきたことになります。そのなかで、どんな育児や教育による学びが子どもたちの能力を輝かせるのかも、見えてきたのです。

本書では、これからの時代に必要な本当の賢さを身につけるための手段として「ＳＴＥＭ教育」を念頭に置きながら、私が経験から培ってきた教育観をお話ししていきます。本当の賢さとは何か。それを再定義し、これまでの概念を変えていくための一助になれればと思っています。そして、それが少しでも、育児や学校選びに悩むみなさんのお役に立てば嬉しい限りです。

ＡＩ社会の到来は恐れるに足りません。ＡＩは敵ではなく、頼りになる部下になるのです。学校でしっかり学力を身につけ、それ以外のところで自分の好きなこと、得意なことをとことん探究していけば、ＡＩ社会に必要な能力は身につきます。そうした能力を磨いていくためのちょっとしたコツを、本書でみなさんとシェアできればと思います。

『AI時代に輝く子ども』 目次

第3章

「STEM」を「ON」にすると能力が開花する！ 89

第5章 STEMと探究型学習から見えてきた「幸せ」に向かう教育 209

第1章

子どもたちの能力は「STEM教育」で変わる

子どもたちの「自由」を取り戻す

昼の日差しがやわらぐ午後3時ごろ、子どもたちが元気に教室にやってきます。

私たちが主宰するＳＴＥＭ教育スクール「ステモン」は、「つくることで学ぶ」をコンセプトとしています。

たとえば、歯車の原理を利用して、「遊園地にあるような乗り物をつくろう！」という取り組みです。

１コマは1時間。最初の10分で基本原理を学び、次の40分でその原理をもとに制作します。そして最後の10分で実際に試して動かしてみます。どんなテーマのときにも、この「知る」「つくる」「試す」の一連の流れをおこなって、最後にひとつの形に仕上げます。

ステモンは、言うなればテクノロジーを活用したアート教室です。

ステモンでは簡単な手順は教えますが、組み立て説明書は使いません。歯車がテーマなら歯車、テコがテーマならテコというように、テーマの原理さえ使えば、何をつくっても自由なのが特徴です。

ステモンでの子どもたちの様子。

しかし、「自由」と言われると困ってしまうのが、いまの子どもたち。多くの子が、最初は何をつくったらいいかわからずスタッフに組み立て説明書を求めます。しかし、ステモンでは自由に制作することを求めていますから、簡単な制作物の仕組みだけを教えて、「どんなものをつくってもいいんだよ」と繰り返し伝えていきます。

たとえば、小学2年生の男の子で塾にも行っている「勉強ができる子」がいます。その子もステモンに来た当初は何をつくったらいいかわからないでいました。歯車を使って小さな遊園地の乗り物をつくるのですが、ほかの子は歯車をたくさんつくって、回してみて噛み合わないところを改善したり、どんなものが楽しいかなと考えたりと、集中して取り組んでいます。でも、その子はどうしていいかわからずキョロキョロしています。

こうした子も、ステモンの環境に慣れて半年も通えば、自分がつくりたいものに自分で気づけるようになり、自由につくるようになっていきます。子どもはまだ頭がやわらかいので、何度かやっているうちに、「自由」を楽しむ感覚を取り戻せるのです。

自由とは、自分の考えを持つことです。

「自由につくってみましょう」というとパタッと手が止まるのが、子どもたちに共通する特徴なのですが、これは子どもたちに限ったことではありません。「最近の新入社員はすぐにマニュアルを求めてくる」というのも毎年のように聞きますし、若手だけではなくベテランでもそうだと思います。

「なんでもいいから自由に書いてみてください」と真っ白な紙を渡されると戸惑ってしまう人は、案外多いのではないでしょうか。

大人になるにつれて、私たちはつねに「正解」を想定しがちになってしまうように思えます。だから真っ白な紙が苦手なのです。

行動のタイプには大きく分けて、３つの種類があります。

ときどき使うたとえですが、ゲームでいうと「スーパーマリオ型」、「ゼルダの伝説型」、「マインクラフト型」の3種です。

初期のスーパーマリオは、ゴールが明確で、通る道も、進む方向さえ決まっています。その対極にあるのがマインクラフトです。マインクラフトは、ブロックを用いて建造物をつくったり、その世界でキャラクターを動かしたりして遊ぶゲームで、目的もなければしてはいけない制約もほとんどありません。レゴのデジタル版で、用意された「達成」や「成功」の基準もないので、多くの大人はマインクラフトをやれと言われると、立ちすくんでしまいます。

この中間にあるのが、「ゼルダの伝説」です。ゴールは決まっているのですが、その過程でどこを通るのか、どの謎を解くのかの順番も決まっていません。私自身は「ゼルダの伝説」ぐらいがちょうど楽しめるのですが、マインクラフトは何をやっていいのかわからないので、正直なところあまり楽しめません。

「何をつくっても自由」と言われて戸惑ってしまう子の行動は、「スーパーマリオ型」

になっていると言えます。どちらが良くてどちらがダメというわけではありませんが、「マインクラフト型」のほうが、これからの社会では活躍する可能性がぐっと広がるということです。

ではなぜ、スーパーマリオ型になってしまう子がいるのでしょうか。

もともと、子どもたちは自由に発想します。白い紙を渡せば好きに使います。絵を描く子もいますし、線や模様を描き始めて、はさみがあれば切り始める子もいます。けれどもいつしか、「何を書いたらいいの?」と、大人の正解を求めるようになってきてしまう。それは、学校や受験などの評価軸に慣れてしまい、「何を求められているの?」という感覚に染まってしまうからです。

「正解」を求めてしまう子どもたち

学校は学力を身につける場所です。子どもは日常の生活や遊びを通じて知っていることがたくさんあります。それを価値ある抽象的な概念に昇華し、体系的な知識に高める。それが学校の役割です。人生を生きていくうえで大事な要素ですから、それ自体はとても価値あるものです。

学校や受験を通じて学力を身につけるときには、他者が設定した解答を模索する姿勢が必要になってきます。大切にされるのは、「正解」を導き出す力です。なぜなら、テストという形で結果を求められるからです。

そのため子どもたちには、「正解」を導き出せれば評価されるという感覚が染みついていきます。その感覚に慣れてしまうと、先生が喜んでくれそうな正解を念頭に置いたり、友だちから認められるようなものを目指したり……という思考・行動パターンになります。

もちろん学校のテストでは、問題の内容について考え、答えを導く努力が必要です。しかし私が問題にしているのは、自由であっていいはずの、それ以外のことについても、他者が設定した答えを探そうとしてしまうことです。

子どもたちは、自分本位ではなくても他人軸で評価されることが〝良い〟のだと、思い込んでしまうのです。

算数が苦手になる子の意外な理由

民間学童保育「スイッチスクール」に通っている子で、ほかの勉強はできるのにどうしても算数だけが苦手という子が数名います。こうした子の親はとても教育熱心だという共通点があります。

学力に対して熱心な親は、学校の宿題のほかに塾のドリルや家庭からの宿題を持たせたりします。最初のうちは内容が簡単なので、子どもは難なくできるのですが、そのうち内容が難しくなってやりきれなくなってきます。親はたくさんやらせたほうがその子のためになると思って、ちょっと無理をしてでもがんばらせます。

これを繰り返していくうちに、ある悪循環が生じます。

子どもが遊びたい気持ちを抑えきれずにドリルをこなせなくなってくると、親はつい叱るようになりがちです。きちんとやれば親が喜ぶのを知っている子どもは、そのうちウソをつき始めます。それがどんどん重なっていくと、いよいよ本当にわからなくなってきます。正直に「わからない」「できない」と言うこともできないまま、追い詰められていく……という悪循環です。

よく、理数系とひとくくりにしてしまうのですが、学校の理科と算数には大きな違いがあります。理科の各領域はいわば「飛び地」なので、単元ごとの連続性がありません。たとえば、「発芽の条件」を学ぶ単元と「電磁石」を学ぶ単元は、同じ理科でも領域が違うので別々に学ぶことができます。ですから苦手な項目が出てきても、次の単元になると興味を持ってできるようになることはよくあります。

しかし算数はそうではなく、すべての領域が「地続き」です。基本の足し算引き算がわかって、数の仕組みを理解しないと、割り算や小数点の理解ができません。下から積み上げてこそ上のレベルの問題ができるようになるので、段階的に学んでいかないと途中から急にできるようにはならないのです。もしわからなくなったら、理解できない箇所まで戻って学び直すしかありません。しかし、どこが苦手なのかに気づくことは、小学校の算数では難しいのです。

親が子どもを大切に思うがゆえに、その愛が大きすぎる期待にすり替わってしまうことがあります。「自分ができることをぜんぶやってあげたい」と思うのが親です。でも、気づかぬうちにそれが子どもにとって重圧になってしまうこともあります。

子どもは親が大好きですし、喜んでもらいたいのでがんばります。でも、どこかで期待に応えられない限界がきたとき、自信を失ったり勉強が嫌いになったりするのです。

子どもたちはもともと充分な能力を持っていますから、大人が焦って心配しすぎる必要はないのです。

学校には〝正解〟が用意されている

子どもにとって学校での評価は、自分の評価の大部分を占めます。家庭よりも長い時間を過ごす学校でのびのびと自信を持って過ごせていないと、自己肯定感も高まりません。

この自己肯定感こそが、子どもたちがこれからの時代に活躍し、AI社会でイキイキと生きるためにとても大切な要素なのですが、それについてはまた後ほどお話ししましょう。

さて、学校では国語も算数も理科も社会も（小学1、2年生は理科と社会はなく生活科）、単元ごとに学習する時間と学習目標が定められています。先生はそれにもとづき、授業ごとに「本時のねらい」を定めて、ひとりでも多くの子どもが「本時のねらい」を達成できるように授業をします。

これ自体は、子どもたちが発達段階に合わせて基礎学力を身につけられるようにするための、秀逸な計画で良い仕組みなのですが、先生が「本時のねらい」の達成をすべての子どもに求めることが毎日毎日繰り返されると、ある問題が起き始めます。

それは、子どもたちが「先生が期待する回答や行動をするようになっていく」ことです。

先生は答えを持っていて、その答えを見つけることが上手な子ほど、教室のなかでは評価されるようになります。小学校高学年にもなるとこの思考習慣が強まり、中学・高校になるとすっかり染まってしまうのです。

また、この答えが国語・算数・理科・社会だけでなく図工や音楽、道徳にも用意されることがあるのです。

私自身にも経験があります。

私の学生時代の夢は教師になることでした。大学で教育学部に所属していましたから、教員免許を取得するために教育実習に行き、実際に学校の現場で教師としての経験をしました。

小学5年生を1か月担当したのですが、実習期間中に道徳の授業を担当する機会がありました。担当になってくださった指導教諭から「中村先生、次、これをやってみましょう」と言って渡されたのは、「手品師」という題材でした。内容は次のようなものです。

とある国に、腕はいいけれど売れないとても貧乏な若手の手品師がいて、いつか大きなステージで手品ショーをすることを夢見ています。公園で練習がてら子どもたちに手品を披露すると、子どもたちはいつも大喜びしてくれます。その日も、「また来週、来るね」と言って別れますが、偶然、大きな舞台に立つチャンスを得ます。たまたま公園を通りかかって手品師のショーを見たステージプロデューサーの目に留まり、「きみ、来週、出てみないか」というオファーを得たのです。

そこで、若手の手品師は迷います。夢をつかむチャンスに挑戦するのか、先に子どもたちに言った「来週、また来るね」という約束を守るべきか——。

みなさんはどう思われますか？　私は指導書を見て驚きました。

教師向け指導書には、「先に子どもたちと約束をした、それを守るすがすがしさを教える」と書かれてあったのです。

指導方針として、自分で夢を叶えるチャンスを優先するよりも、約束を守る大切さを教える、ということに重点が置かれていました。この内容自体は間違っていないと思います。しかし、それを画一的に教えることに、私はとても違和感を覚えました。

約束を守ることは大事です。それ自体は素晴らしいことで、人として社会で生きるために大切なことです。しかし自分の夢をつかもうとがむしゃらに挑戦することや、自分で自分を幸せにする行動も大切です。

指導書の内容通りに授業を進めると、〝子どもとの約束を守ることが「正解」〟という印象を与えることになり、私はどうしても疑問を持たずにいられなかったのです。

指導書に強制力はありません。しかし指針が示されていて、そこから大きく逸脱することもまた、教師には許されません。

そんなわけで、算数や国語、体育なら見よう見まねで授業案をつくってこなすことができたのですが、道徳の授業ではそれができず、担当教師に「先生、ぼくにこれは教えられません」と担当を変えてもらいました。

当時の私に、自分なりに噛み砕いて教えたり、指導書の示す正解をひとつの選択肢として伝えて、議論を深められるような技量があればよかったのかもしれません。ただ、こうしたカリキュラムに、「画一的な集団をつくる」という意図を感じて、私のなかには公教育に対する違和感が生まれたのです。

AI社会は〝いい子〟ほど生きにくい

小学校の生活に慣れてくると、多くの子どもは「教師が持っている答えを探す」という発想になっていきます。メディアアーティストで科学者でもある落合陽一さんが、ツイッターでこんなことをつぶやいていました。

「小学生以下と大学生以上は話しやすいんだけど中高生が苦手。終わらない近代教育の真っ只中で頭の中染まってる。評価基準が外部にあるし、正解を探すし、失敗が恥だと思ってるし、解きほぐすのに時間がめっちゃかかる」

（2018年8月6日、落合陽一氏のツイッターより）

中高生は、「相手が何を言ってほしいのだろうかという、正解ありきの発想でコミュニケーションをする」というのです。評価の基準が自分以外にあると、自然とその基準に沿った考え方をしようとし、それがあたかも自分の考えだと錯覚してしまいます。

学校では「教師が求める子どもの姿」というものが、ある種の「正解」として扱われます。それを探すのが上手くて器用な子は学校での評価が高くなり、そうでない子は低くなるという構図が、現在でも受け継がれているわけです。

ところが、社会に出ると、正解は誰も持っていません。解決すべき課題やテーマはあっても、何がゴールなのかを自ら決める必要があり、そこにどうすれば到達するかの〝答え〟は何通りもあって、唯一絶対の解などありません。自分なりの答えを出し、それをどう表現するのかはその人によって違うからです。

子どものうちにやっておきたいトレーニング

自分なりの〝答え〟を出すためには、トレーニングが必要です。自分でさまざまな情報から判断して、「これでいい」と自分が納得できるようなアウトプットをするための能力です。

この能力を育むことこそが、ステモンで大事にしていることとも言えます。そのために「つくる」「表現する」ということをさまざまな形態でおこなっています。

幼稚園や保育園のころからステモンに通っている子は、のびのびつくります。講師にも正解がない仕組みになっているので「間違っているんじゃないかな」という考えを持たないからです。もちろん、「何それ、変なの」と友だちから言われないものをつくらなきゃ、というような発想もありません。

何をつくったらいいのかわからないという子は、小学校の高学年になるほど多くなります。低学年の子よりも、大人が持っている正解を探すことに慣れているからです。しかし、ステモンに馴染んでくると、自然に手が動くようになっていきます。

「先生は何を求めているんだろうな？」ではなく、「自分がこうしたいから、こうするんだ」「これがいいと思うから、こうするんだ」という発想で、ものごとを考えられるようになっていくのです。

そういう姿勢に切り替わるまでには少し時間がかかりますが、子どもはのびのびつくりたいので、しばらくすれば自由な表現を取り戻していきます。

私が言いたいのは、「学校の教育がどんなにダメか」ということではありません。学校には学校の事情があり、基礎学力という大切なものを身につける役割があります。学力以外の、これからの社会に求められる能力を育んでいくために、民間教育としての私の役割があると思っているのです（この点については、次章以降で詳しくお話しします）。

親子ですぐにできるＳＴＥＭ教育

小学校に上がってからの7、8、9、10歳までの過ごし方によって、学ぶとは楽しくて意味のあるものと捉えるのか、つまらなくて苦しいものと捉えるのかが分かれると、私は考えています。

それに小学校4年生ぐらいになると、都市部では「中学受験」というワードが周囲から聞こえてくるようになり、環境がさらに変わってきます。

いまの教育システムのなかで、子どもたちの自由な創造性や好奇心をなるべく失わないようにすることや、学ぶのは楽しいのだという感覚を持てるかどうかは、この7〜10歳の過ごし方が重要なのです。

この年代でのびのびと育つことができないと、「スーパーマリオ型」（17ページ）になりがちです。そして、これを大人になってから変えていくのには、大変な労力を要します。

親は将来どんな世の中になるのかわかりませんから、どんな能力を育むべきかわからないままに、とりあえず学力を高めようと考えがちです。けれども、これからグローバル化が進み、コンピュータが台頭するAI社会で必要とされる能力は、見据えることができます。

それは「創造する力」「表現する力」「活用する力」です。

私たちはこの3つの能力を育むためのカリキュラムを提供していますが、家庭でも

ステモン探し。町中に知識の活用を見つけることができる。

できることがあります。

そのひとつが、「ステモン探し」。はじめは、わが家で8歳と6歳の娘たちと一緒にやっていた遊びです。

きっかけはＮＨＫの「デザインあ」という番組でした。この番組は、巷にあるいろいろなものを分解して見せてくれる番組で、工業製品だけでなく、自然界においても、その〝デザイン〟がどんなパーツから成り立っているのかを教えてくれます。

この番組を私が大好きで見ていたら娘たちも好きになり、いろんな知識を活用して工夫されている身の回りのものを見つけることを楽しむようになりました。

そのアイデア探しを親子でやるうちに、ステモンがまさにそれをねらいとした習い事なので、日常のなかに原理を活用した便利なものを見つけては、「これってステモンだね」と言い合うようになりました。

その後、ちょっとした付加価値を加えて「フェス日」をつくり、その日は1アイデア10円もらえる日としました。すると子どもたちは一生懸命、見つけようとします。たとえば、コンビニでペットボトル飲料を取り出すと、傾斜がついているので次のボトルがすっと下りてきます。娘たちは「パパ、これもステモンだね」と気づけるようになります。

こうした思考に慣れると、身近なところで使われているさまざまな技術や工夫と原理の関係に気づけるようになります。日常にあるリアルな知識を、自然に学ぶようになるのです。これこそが本書の「はじめに」で触れた「広くて深い思考ができる人」(4ページ)になるための大切なポイントだと思っています。

ステモン遊びをすると、日常のすべてが学びになり、思考するトレーニングになるのです。ステモンの教室で過ごすのは1時間ですが、学んだ原理を活用して制作し、体験することで、教室が終わったあとも、日常のすべてが学びの場に変わってくるというわけです。

娘たちには、「よいステモンを自分でたくさん考えられるようになると、社会でたくさん活躍できるんだよ」という話をしています。

子どもたちに知ってほしいのは、知識は寝かせておくものではなく、活用して問題解決したり、価値をつくったりするためにあるのだということです。

もっと言えば、社会をよりよくするため、ひとりでも多くの人が幸せになるためにあります。それこそが学びの意義だからです。

「ステモン」で輝き始める子どもたち

2020年度から実施される新小学校学習指導要領では、プログラミング教育が必修化されます。ここでの文部科学省の意図は、プログラミングを教科として学ぶことでプログラミング的思考を育むことです。

プログラミング的思考とはつまり、論理的な思考力です。コンピュータを体験することと、コンピュータを制御する体験を通じて論理的な思考能力を育むこと、その2

つが文科省のねらいです。

ステモンでは、2014年当初からカリキュラムのひとつにプログラミングを取り入れていますが、プログラミング教育に着眼する理由は、これらに加えて「新しい表現の手段」でもあると考えているからです。サッカーで活躍する子もいれば、絵で活躍する子もいるのと同じように、プログラミングで活躍する子も出てくるでしょう。

ステモンでの子どもたちの作品は、既存の学校の教科の概念にとらわれないので、非常に自由度が高いのが特徴です。「自分で自由に改造してごらん」と言うと、音にこだわって展開していく子もいれば、色や仕掛けに発展させていく子もいます。

電車の発車音をプログラミングで奏でたり、Scratchというプログラミングソフトで Nintendo Switch の「スプラトゥーン2」を再現する子もいます。

こうした活動は、もし既存の教科の枠組みに当てはめていたら、ここまで発展していかないでしょう。

子どもたちに「自分の興味の方向に自由に進んでいいよ」と促していくと、子どもたちは試行錯誤を繰り返しながらどんどん自分で展開していきます。大人が驚くほど複雑になっていき、もはや講師でさえ理解するのが難しいものをつくる子もいます。最近はさまざまなロボットやプログラミングのコンテストが子ども向けに開催されていて、自らの意志で応募して入賞する子どもも出てきました。それらの作品を見ると、ユニークなアイデアでかつ非常に高度なプログラムとなっています。

注目すべきは、子どもたちはそれを苦悩してやっているのではなく、楽しんでやっているという点です。

こうした環境で、ステモンの子どもたちは劇的に変化していきます。学校の勉強がよくできる子が最初はあまり上手くできないこともあれば、反対に学校の勉強があまり得意でない子が、ステモンではイキイキと制作に取り組み、素晴らしいものをつくります。手がかかる子もいますが、そういう子ほど独創的なものをつくる場合もあります。

作品はどれとして同じものはなく、大人の発想を超えたものが続々登場します。もちろんステモンの制作に「正解」はなく、みんな個々に自分らしい作品をつくるようになっていきます。

授業の最後には自分の作品のプレゼンテーションをするのですが、最初はみんなの前で発表するのが苦手だった子も、「自分にもできるんだ」という体験や、「ほかの子はこうだけど、自分はこれでいいのだ」といったことを体験していくなかで、どんどん手が動くようになっていきます。そして1年も経てば、自信を持ってプレゼンができるようになるのです。

評価軸も学校とは違う視点でおこなうので、学校で評価されにくい子もステモンでは評価され、自己肯定感を得ながらすくすくと成長していきます。

第2章

将来活躍できる子になるために、育てておきたい〝能力〟

AI社会は恐くない――コンピュータを相棒にしよう

前述したように、2020年から新学習指導要領による教育がスタートします。この改訂の主眼は、今後の社会変化に対応して活躍できる人を育てるということにあります。

今後の社会変化とは、より一層のコンピュータ技術、ロボット技術などテクノロジーの進展、さまざまな国の人たちとの仕事の増加を見越しています。このうちもっともインパクトの大きいのが、AIの台頭です。

これによって30年後には多くの職業がなくなるということがセンセーショナルに報じられて以来、メディアは不安をあおるような調子で取り上げています。実際、不安になっている方も多いかもしれません。

でも、考えてみてください。

職業がなくなるのは、何もいまに始まったことではありません。過去にも何度も起こってきたことです。

たとえば、かつて食材を冷やすために各家庭に氷を売りに来る氷屋という職業がありましたが、いまは電気の冷蔵庫になり、その職業はなくなりました。その一方で、冷蔵庫をつくるエンジニアという職業が生まれました。

これは、「時代によって必要とされる能力が変わる」ということにほかなりません。狩猟時代なら、体力があって方向感覚に優れた人が社会で活躍できました。江戸時代であれば、海外の情報を詳しく知っていれば、それだけで一目置かれる存在になれましたし、その情報を活用して勝海舟のような重要な仕事をすることができました。いまはそうした知識は、調べれば誰でも得ることができます。

マクロな視点で社会を見ると、日本社会は江戸時代までの農耕社会から明治になって工業社会へ、そしていまは情報社会に変遷しつつあります。産業構造としては第一、第二次産業の割合がどんどん減って、代わりにサービス産業などの第三次産業が増えてきました。そしてこれからはＡＩ社会になっていきます。

ＡＩ社会では、既存の職業がなくなっていくこともあるでしょうが、新しい仕事もまた生まれてくるでしょう。ＡＩは敵ではなく、ちょっとクセはあるけれど計算や確率、統計をやらせたらピカイチという頼もしい部下と思えばよいでしょう。

時代によって求められる力は違うのですから、これからのＡＩ社会に見合った力をつけていけばいいだけなのです。

ＡＩの苦手分野こそが強みになる

みなさんご承知のとおり、ＡＩ社会になっていくなかでコンピュータの重要度はより増していくことにはなるでしょう。そこで大切になってくるのは、もちろん「コンピュータが使えるようになる」ことですが、同じくらい重要なのは「コンピュータが苦手な分野の能力を鍛える」ということです。

これまでの変遷を見ると、肉体労働は機械が代替してきました。何十トン、何百トンの土を掘り起こしたり運んだりするのは、人間は機械に到底かないません。

それと同じことが知的労働の場面でも起こっている、というのが現在のフェイズです。知的労働のうちでも単純作業的なもの、計算や記憶重視の仕事はすでにコンピュータに置き換わっていますし、今後はロジックに落とし込めるようなクリエイティブな要素が少ない仕事も、ＡＩに置き換わっていくことでしょう。

コンピュータのほうが得意な分野で張り合う無駄な努力はやめて、コンピュータを相棒にして価値を発揮できる人になっていくべきです。

では、コンピュータが苦手とする分野とは何でしょうか。

それは意志を持つということ、新しいものをつくったり表現したりすること、感情を理解してホスピタリティを発揮するといったことです。

知的労働のうちでも、こうしたクリエイティブな作業をコンピュータに担わせようという動きもあります。たとえば、作曲したり歌詞を書いたり、小説を書くソフトが開発されていたりします。

これは一見、コンピュータが新しいものをつくったり、表現したりすることができるようになったと思いがちですが、実はそうではありません。

コンピュータが作曲したり、詩や小説を書いたりするには、人間がコンピュータにどのデータの特徴に注目すべきか指示しなければなりません。

その「意図」こそが、人間の「意志」であり、「想い」が反映されるところです。これをコンピュータが自ら考え出すことはできません。

また、「感情を理解するホスピタリティ」の分野も、コンピュータが苦手としています。たとえば、看護師や介護士が担うような分野です。

相手の感情を理解したり、共感したり、場の空気を読んだりして相手をもてなすという微細で複雑な行為は、生身の人間でないとなかなかできません。

ロボットが看護や介護の現場に入って、患者や利用者に対して「わかりますよ」と言うことはできるでしょうが、どういう言葉や表情に反応して「わかるよ」と言ったほうがいいのかは、人間がプログラミングしなければなりません。それに、ロボットから「わかるよ」と言われて当の患者が励まされたり癒やされたりするのかということも、現実的にはまだ未知数です。

このように、コンピュータにはできない「意志を持つ」といったことや、「新しいものをつくったり、表現したりする」「人の感情を理解する」といった力を身につけることが、これからの社会ではより求められていくのです。

思考力を鍛えるために大切な2つの力

AIは確率や統計がとても得意ですが、意味を理解することはできません。私の妻はよくインスタグラムで猫の動画を見て癒やされていますが、AIがこの動画を見ても癒やされることはありません。AIは画像を見て「これはネコである」と判定することはできても、「ネコ」が何を意味するかはわからないのです。

AIが悩みごとを代わりに考えてくれるわけでもありません。何をどのような手順で処理するかを考えるのは、まずは人が担うのです。ですから、子どものうちから思考力を鍛えることはとても重要です。

ステモンの子どもたちを見ていると、「この子は思考力が高いなー!」と驚くことがよくあります。そのような子は何が違うのでしょうか?

思考力が働いているときの一例を紹介しながら、ご説明しましょう。

いま起こっていることから次に起こるであろうこと、そしてその次に起こるであろうことを想定します。そこから、さまざまなケース(条件)を想定して、もしAが起こったらこんな問題が起こるな、もしBが起こったらこんな問題が起こるな、もしC

思考力とは??

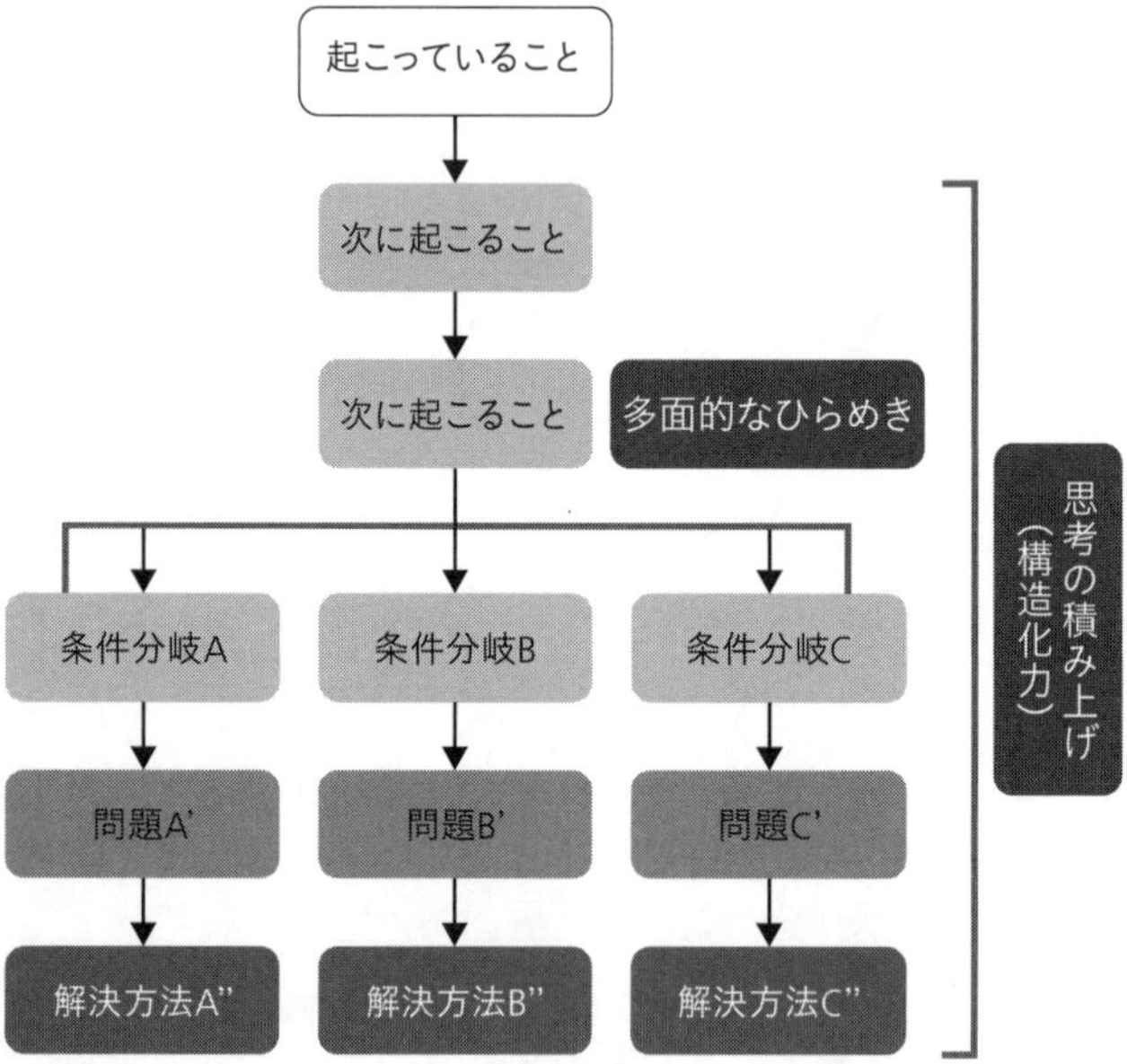

が起こったらこんな問題が起こるな、と頭のなかで思考を積み上げていきます。

上の図では、条件が平面的に書かれていますが、このひとつの条件のなかにも階層をつくって考えることができ、それが思考の深さになっているのではないかと考えられます。

水平方向に広げられるのが思考の広さであり、下に掘り下げられるのが思考の深さというわけです。これには知識があることも重要でしょう。思考力の高い子どもは、知識を活用しながら頭のなかで横と縦にたくさん積み上げることができるのです。

本書の「はじめに」で述べた「思考の広さと深さ」とは、まさにこれです。

では、この思考の積み上げを支えるものは何かというと、読解力と構造化力です。

読解力とは文章の意味を読み取る力で、読み取った要素がどのように関係し合うのかを整理するのが構造化力です。思考力の高い子どもたちを見ると、この2つの能力がとても高いのです。


全国学力調査の問題を見てみると、知識を問う問題と、この読解力と構造化力を問う問題に分かれています。そして点数の差がつくのは、読解力と構造化力が求められる問題です。「この文章問題が言っている前提はこうで、それに対して問われているのはこういうことだな」という理解ができてはじめて、答えが出せるようになっています。

このような問題で求められているのは、情報処理のスピードや正確さではなく、情報を整理する力や構造化する力です。計算や漢字ドリルをたくさんやっても身につく力ではなく、別のトレーニングが必要になるのです。これについては、このあと詳しくご紹介しようと思います。

本当の「賢さ」って何だろう？——必要なのは6つの「C」

社会が変化するなかで考えていかねばならないのは、「賢さ」の再定義だと言えるでしょう。これまでの賢さの定義は、学校で評価される学力とほぼイコールとされていました。すなわち教科書、受験、通知表で評価される内容です。

しかし、学力だけではこれからの社会の変化にはついていけなさそうだ、ということなのですから、私たちはさらなる評価のものさしを持つ必要があります。

そこでステモンでは、次の6つの指標を置き、それに沿って子どもたちを評価しています。

1. Collaboration ＝協力してつくる力
2. Communication ＝伝える力
3. Content ＝学力
4. Critical Thinking ＝批判的に考える力
5. Creative Innovation ＝創造する力

自己評価をイメージ。

①コラボレーション（Collaboration）
いろんな仲間と一緒につくる。一緒に動く。
②コミュニケーション（Communication）
考えや気持ち、言葉などを通じて相手と伝え合う。人の話をよく聞く。
③コンテンツ（Content）
知識、情報、学力。
④クリティカルシンキング（Critical Thinking）
「ほんとうにそうなのかな？」疑問やモヤモヤを大事にする。
⑤クリエイティブイノベーション（Creative Innovation）
「こんなものがあったらおもしろい！」
「こんなものがあってもいいよね！」
⑥コンフィデンス（Confidence）
失敗を恐れず挑戦。「できるんだ！」と思えること。

自分で自分を評価発表。

6. Confidence＝失敗を恐れない気持ち

6つのCであり、6つのseeds（種）という意味があります。これはもともとキャシー・ハーシュ＝パセックという米国の心理学者が提唱している「6Cs」を、参考にしたものです。

学力の勉強は3番目の「Content」に相当し、それだけでは充分ではなく、ほかの5つも高めていくことが重要になります。なおかつ、この5つはコンピュータが苦手としている分野でもあります。

この6つのCを高めてAI社会でゼロからイチをつくる人になってほしいと考えているのです。

こうした能力は以前から重要だと言われてきましたが、果たして学校や受験だけで伸ばすことができるものなのか、という問題もずっとあります。

この6つの力は、特定の教科学習や受験で育むのは難しいでしょう。

学校は教科書の内容を消化するだけで時間的にも物理的にも精いっぱいだ、という現実があります。学校では、基礎学力を身につけることにどうしても重点が置かれますし、記述式のテストでは正解が用意されていますから、伝える力や批判的に物事をとらえる力、失敗を恐れないマインドなどを伸ばすための機会は、つくることができないのです。

一方で、私たちのような民間教育の会社ができるかというと、そう簡単な話ではありません。学校同様にメソッド化することは容易ではなく、成果が出ているかどうかも判定しにくいのです。当然ビジネスとしても成立する必要があり、そのためには多くの会員が集まらないと継続できないのですが、スイミングや英語、そろばんなどのように上達がわかりやすい習い事でもないため、保護者は通わせにくいでしょう。

1日限りのイベントを開催する方法もありますが、これでは「体験してみておもしろかった」で終わってしまうことが多いでしょう。深くじっくり探究する過程でこそ、この6つの力は育まれていくのです。

ステモンは2014年にスタートしてから、毎週カリキュラムや指導方法を改善するという活動を3年間続け、ようやくメソッドが定まりました。STEM教育を軸に子どもたちがこの6つの力を育む手法を確立でき、子どもたちの成長ぶりを見ても、その成果が出ていると自信が持てるようになってきています。

「学ぶ」は自分を変える、「つくる」は社会を変える

知識や学力を身につけることはとても大切です。「詰め込み教育」と揶揄されてでも勉強をすべき時期はあると思っています。

しかし、いくら知識を増やしても、学力を高めても、それだけに留まっていては意味がありません。もちろんテストで良い点数を取ることが目的でもないでしょう。その知識をどう活かすかが大切なのです。

子どもたちには、学校や受験を通じて知識を学ぶ機会はたくさん用意されていますが、その知識を活用してつくったり表現したりする機会が非常に乏しいのが現状です。

学生時代はしっかり学ぶことを求められ、社会に出たら一転して自分の個性を活かしてアウトプットすることが求められます。社会人になって急にそんなことができる

STEMONメソッド（STEMONが育む力）

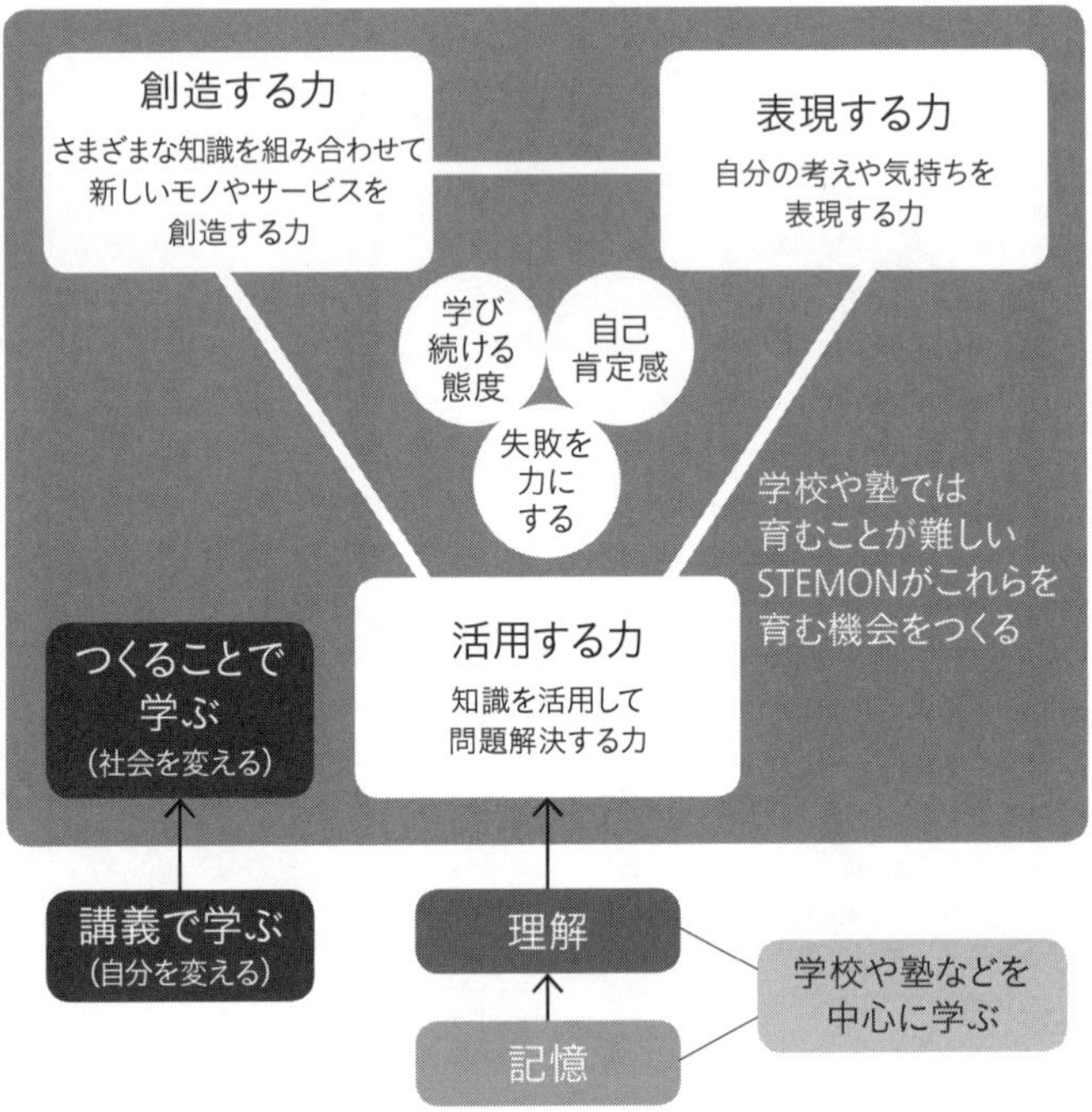

わけではないですから、子どものころからアウトプットするトレーニングもおこなうべきだというのが私の考えです。

そのためにステモンのメソッドも、アウトプットすることを重視しています。知識を理解することは子どもたちにとってそれほど難しいことではありません。わかりやすく伝えればみんな理解できます。大切なのは、その知識を活用して何かの問題を解決したり、自分なりの表現をしたり、新しいものを創造することなのです。

とくにゼロからイチをつくる力（ゼロイチ力）は、ＡＩが苦手なところでもあるので重要だと思っています。

「ゼロイチ力」とは、何もないところから自分のアイデアで生み出すものだと思われがちですが、決してそうではありません。

自分が新しいものを生み出したと感じたとしても、多くの場合、それは頭のなかに集積していた過去のデータや経験の組み替えです。ですが、これも立派な創造力で、こうした組み合わせをできる力が「ゼロイチ力」なのです。

「ゼロからイチをつくる」の意味

ステモンでは、「ゼロからイチをつくれる人を育む」を理念のひとつに掲げています。けれども先述のとおり、これは「無の状態から有を生み出す」ことを意味しているわけではありません。

既存の技術や情報を組み合わせて成功したものを挙げようと思えば、いくらでも可能でしょう。

たとえば、有名なところではiPhoneがそうです。iPhoneはスティーブ・ジョブズ氏が生み出したものですが、技術的にはi-modeと電話、タッチパネルの技術、それにApple Storeを組み合わせたものでした。個々の技術はそれぞれ、すでにあったものばかりです。

それをiPhoneというひとつの端末に集約し、ハードからソフトまでを手がけることで、世界中のユーザーを取り込むことに成功しました。このゼロイチ力こそが、ジョブズ氏の偉大な功績を支えるもののひとつだとも言えるでしょう。

私がベンチャー時代に担当していた新規事業部での思考もそうでした。経営陣からよく言われたのが、「ゼロからイチをつくる」ことを意識しなさいということです。

たとえば、シニア向けの新しいウェブサイトを活用した事業をつくるという大きな方針だけがありました。いろいろ模索した結果、定年退職後に海外に長期滞在する人たちをサポートするサービスを企画しました。シニアは旅行に行く時間とお金がありますし、アクティブな人も多い。にもかかわらず、2〜3か月も滞在するロングステイは旅行会社がなかなか扱いにくいため、そこのすきまを埋めようとしたのです。この新規事業を通じて「ゼロイチ力とは何か」を学びました。

というのも、多くの国では数週間までなら短期滞在の範疇《はんちゅう》となり、観光ビザで滞在することが可能ですが、数か月ともなると長期滞在のビザを取得する必要があります。ですから、ビザの情報や、2か月間滞在できるコンドミニアムの情報、現地で通える病院の情報などを集めた情報サイトをつくりました。

残念ながらその事業はあまり上手くいきませんでしたが、ビザやコンドミニアムの情報提供の仕方にもいろいろあり、それらはほかの業種が参考になります。

たとえば、こういうことです。

もしあなたが全国のキャンプ場のウェブサイトをつくってくれと依頼されたら、どんなサイトにしますか？　このとき、たとえば飲食業界を参考にできます。

飲食店を紹介するサイトで有名な「ぐるなび」と「食べログ」という2つのサイトがあります。食べログとぐるなびには、はっきりした違いがあります。

食べログはCGM（コンシューマー・ジェネレイテッド・メディア）といって、ユーザーが書いたレビュー自体がコンテンツになっているサイトです。そのため、情報の透明性や公平性が担保されやすい面があります。ただし、お店からお金をもらうわけではないので、ユーザーが集まるまでは収益性を確保するのが難しいモデルです。

一方、ぐるなびは店舗の広告ですから、収益性は出しやすいのですが、情報の透明性や公平性は担保されにくいという面があります。

どちらのサイトもユーザーにとっては有益ですが、同じ飲食店メディアでもまったくタイプが違うわけです。もしキャンプ場サイトをつくるとしたら、食べログスタイルと、ぐるなびスタイルのどっちにするか参考にするのです。

また「タイムマシン経営」も、既存の知を「活かす力」によって生まれた経営手法だと言えます。海外で成功したビジネスモデルを国内にいち早く持ち込む経営手法のことです。

かつてのコンビニがそうですし、シェアオフィスやワーキングスペース、宅配ロッカーやトランクルームなども、もともとは海外で広まったものです。

ただ、単純に成功例を国内に持ってきただけでは失敗に終わることもあります。どんなにいいものであっても、文化やライフスタイルに合わせてローカライズする必要があるからです。このようにほかの業種領域の情報を組み合わせて新しいものを生み出すのが、「ゼロイチ力」だというわけです。

「人と違う」のは悪くない――まず育てたい〝自己肯定感〟

知識やスキルというものは、大人になってからも比較的かんたんに習得できます。しかし大人になってからでは難しいのが、人生における姿勢や価値観や他者とのかかわり方といった類いのものです。

自分自身の在り方や考え方、価値観といったものは、大人になってから変更しようとすると多大な労力を要します。幼少期に体験したことの影響がとても大きいからです。

なかでももっとも重要なのが、自己肯定感だと感じています。

誰かと比べて落ち込まない子、失敗しても前に進める子、自分で自分を磨ける子に育てるためには、まず自己肯定感をしっかり植えて満たしてあげる必要があります。

自己肯定感が育まれていない子は、「きっとわたしならできる」とか、「失敗してもいい」とか、「人と違っていい」と思うことは難しいようです。

残念ながら、日本人はこの自己肯定感が概して低いと言われていますが、何とかそこを改善したいと思うのです。

前述したように、既存の学校教育の場における評価基準の多くは「正解」探しです。そのため、それが得意な子は、学校でも自己肯定感を育むことができます。でも、先生の言うことを聞くのが苦手だったり、学校の秩序にフィットしなかったりする子は、自己肯定感を育む機会が少ないのです。

そうした子たちがステモンに通って、学校とは違う評価軸に触れ、だんだんと自己肯定感を取り戻し、自信に変えていっています。

子どもたちと接するときに大切なのは「人と違うことは悪いことではないんだよ」と伝えることです。よく大人は、「恥ずかしいことではないんだよ」と言いがちです。でも子どもは恥ずかしい気持ちを持ってしまう。これは仕方がないのです。だから「恥ずかしいかもしれないけれど、悪いことではないんだよ」と伝えるのです。ステモンの講師研修でも、ここは一番大切にしているポイントです。

以前、「子どもエンジニア問題解決コンテスト」というイベントを主催したことがあ

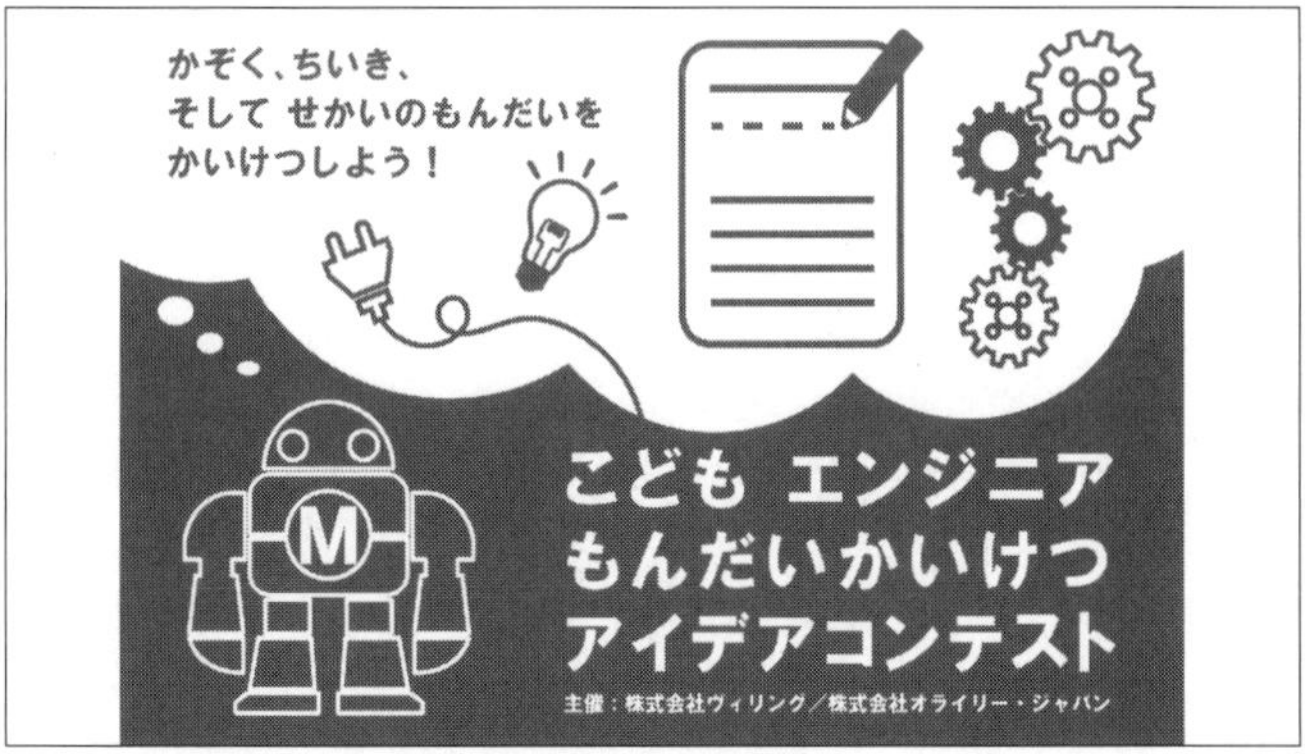

ります。180の応募があって9作品を表彰しました。コンテストには、高学年と低学年の部があるのですが、見ていると低学年の子のほうが発想は豊かだなと感じました。

高学年になるにつれて世の中の原理原則がわかってくるので、発想がより現実的になるのだな……と結論づけてしまいがちですが、実際はそんなに単純なことでもありません。

「知識を得てしまうと、自由な発想ができなくなる」のでしょうか？

もちろん、そんなことはありません。自由な発想ができるかできないかの違いは、知識を得ているか否かではなく、自分軸があるか否か、だからです。

学力が上がって知識が増えていったとしても、自分の評価軸がしっかりある子は、「こんなことができたらおもしろいな」と思って自由に発想します。知識が増えていくことで制御されるわけではありません。自由とは、誰の目も気にせず自分の考えを持つことです。これが子どもたちは苦手になっていくのです。

自分の評価軸が身についていない子は、周りの子から「そんなの変だよ」「できるわけないよ」と言われるのを恐れて、小さな枠のなかで考えがちです。でも自分軸があれば、誰から何を言われても平気なのです。

表彰式では、子どもたちに2つのことを伝えました。

ひとつは、「技術は世の中をよくするためにある」ということです。技術は人を傷つけたり、悲しませたりするためのものではなく、自分が得た知識を活用して社会をよりよくしていくためにある、ということ。そのためにも知識は寝かせておくのではなく、技術として活かしながら、つくったり表現したりすることと、つくる人の「心」が大切だということです。

もうひとつは、新しいものをつくったりチャレンジしたりするときには、応援してくれる人と、無理だよと言う人の両方がいるということ。どちらも子どものことを思っての発言かもしれませんが、周りの大人や親が、子どもの可能性の芽を摘んでしまう場合もあるのです。子どもたちには、両方いるものなんだと思ってもらいたいのです。

ステモンの講師たちは、最初は他者の目が気になって萎縮していた子が、「人と違っていいんだ」と思えるようになるところからスタートし、「失敗してもいいんだ」と思えるようになって、最終的には「きっと自分ならできるはず」と自信を持って取り組めるようになることを目指してかかわっています。

こうして段階的に自己肯定感を育むことで、放っておいても自ら楽しみを見つけて、積極的に学ぶ子になっていくのです。

上場企業とベンチャー企業で感じた「必要とされる能力」

自分で最初の一歩を踏み出せる能力を、私は「初動力」と呼んでいます。

この初動力に必要なのが、自己肯定感です。「人と違っていいんだ」「失敗してもいいんだ」「きっと自分ならできるはず」と思えなければ、最初の一歩を踏み出すことはなかなかできないと思います。

たとえば、「失敗しても大丈夫」という感覚がない人は、失敗したらそこで止まるしかありません。しかし失敗をしても、「これではダメなんだという情報を得ることができた」と考えられる人は、次々に試してみることができます。どんどん新しくスタートできるのです。

エジソンは「私は失敗したことがない。ただ、1万通りの、上手くいかない方法を見つけただけだ」と言いました。失敗することで成功に一歩近づいたと考えることができる人は、チャレンジを惜しみません。前に進みながら学べばよいのです。

このように考えられるか否かで、初動力が違ってきます。最初の一歩は、誰にとっても簡単ではないですが、この一歩を踏み出せる力こそが、これからの時代には求められます。

この初動力の大切さを痛感したことをご紹介するために、少し私のキャリア（職歴）についてお話しさせてください。

大学では教育学部でしたから周囲の同級生たちはみな教師になっていきますが、私は民間企業への就職活動をすることにしました。しかし、それまで進路は教師しか頭になかった当時の私には、就職に関する知識や戦略はほとんどありませんでした。

そんななか、忙しくてもできるだけ早く自分が成長できそうな会社として、急成長している会社を選びました。東証一部上場のゴールドクレストという不動産会社です。ゴールドクレストはリクルートの出身者がつくった会社で、かんたんに言うと土地を買ってビルやマンションを建てて売るというビジネスモデルです。リーマンショックの際に、財閥系以外で生き残った会社としても知られています。

通常、企業は上場すると利益を上げ続けなければ株主からいろいろ言われます。しかし、社長の安川秀俊さんはリーマンショックの数年前、「この市況はあまりにもおかしすぎるから土地は当面、買わない」と株主総会で発表しました。不動産会社としてはあり得ないことです。土地を買わなければ売上が立たないからです。その当時は非難されましたが、結果的にゴールドクレストは生き残り、他のディベロッパーはほとんど倒産してしまいました。

そんな先見の明に長けたリーダーのもとで、私は営業を担当していました。周囲にも恵まれて楽しく勤めていましたが、3年経ったころから自分のキャリアについて本格的に考えるようになっていきました。このまま営業のスペシャリストとなってこの会社で働くより、もっと自分の可能性にチャレンジしたくなったのです。

というのも、大手ディベロッパーでの仕事は分業化が進んでいて、仕事の役割分担が明確でした。社員は各機能に割り当てられ、その与えられた役割を粛々とこなすことが求められます。目標も明確ですし、成果が出たかどうかも明らかです。やるべきことはつねにはっきりしているので、それをいかに早く上手に問題解決していくか、仲間と協力してどうつくっていくかが求められます。何をすべきか考える必要もありませんでした。

その後、入社4年でエス・エム・エスという医療介護人材系のベンチャー企業に転職しましたが、そこでの仕事の仕方はそれまでとはまったく違うものでした。

この会社は創業して間もないころだったので、そもそも「自分たちでサービスを生み出さねばならない」という状況が待っていました。「医療、介護業界向けに情報インフラをつくっていく」という方針のもと、実際に何をするのかは自分たちで考えていかなければなりません。

まず、新規事業をつくるときには、会社にとっても社会にとっても「こういう方向性がいいんじゃないか」と企画します。そして世の中に出してみるのですが、反響はまちまちです。

たとえばユーザーにアンケートを取りますが、反応がたくさんあったとしても、それを果たして真に受けていいのかすらわからないのが、当時の状況でした。まさに、どこにも正解がない状況です。この「正解がどこにもない」という発想に切り替えるのに、私自身とても苦労しました。

ゴールドクレストではやるべきことが明確で、それをいかに上手く効率的にやるかという仕事です。何をすればいいかはすべて用意されています。しかし、ベンチャーはそうではありません。

自分たちで何をするべきかを模索するのですが、そもそもどこにも正解のないものに対して「よりよいもの」を目指して仕事をする必要があります。つい頭の片隅で「もっといいやり方があるはず」「自分より頭のいい人はもっとよいものを考えているはず」という考えがよぎるのですが、そもそも正解自体がないのです。

こういう状況に慣れるのに苦労したのは、おそらく私だけではないでしょう。日本人の多くが苦手だと思います。そこにはやはり、学校教育の正解主義や、大人が求めている基準探しに慣れてしまい、他人軸で評価されるという価値観が染みついているということが、大きく影響していると思うのです。

学力と仕事のパフォーマンスは比例しない

エス・エム・エスでは最後の2年間、人事の責任者を務めました。当時、すでに東証一部に上場していたため、東大卒などの高学歴を持つ人、一流と呼ばれる企業出身者など、非常に優秀な人たちが応募してきていました。

実際、彼らはとても優秀で人格も備わっていて、当時の私は「すごい人が世の中にはいっぱいいるものだな」と思ったものです。と同時に、そうしたキラキラした学歴を持っている人が、会社に入って必ずしも満足なパフォーマンスができるわけでもない、ということにも気づきました。

つまり、学校での勉強や受験を乗り越えるための能力と、エス・エム・エスのようなベンチャー企業で活躍するための素養というのは、一致するわけではないということです。

学歴は素晴らしいのに、なぜベンチャー企業ではうまく成果が出せないのか。日本の教育に何か問題があるせいなのかという思いが、そのころから頭を離れなくなりました。そして私自身のなかに再び、教育への興味関心が高まってきたのです。

学歴はあったほうが多くの機会を得やすいですし、良い学歴を取得するために努力と工夫ができる人だという時点で、能力が高いと言えます。でも、それだけでは足りないのだということを、ベンチャーであらためて実感しました。

自分が起業してからは、この初動力が重要だとつくづく感じます。

たとえばある人は、起業すると決めたらリサーチして、分析して考え抜いた末にスタートするかもしれません。「あれはどうなんだ、これはどうなんだ」と考えていくと、気になることはひっきりなしに出てきます。すると、またそれについてリサーチし、分析しなくてはならず、いつまでも行動に移せません。やっと始動したころには、すでに競争相手が成長してシェアの多くを得ている、ということになりがちです。

多くの起業家はどうしているかというと、まず全体像をざっくりと理解しつつも、あとは「やってみなきゃわからないな」と考えて、まず始めてみます。実践するなかで学び、少しずつマイナーチェンジを繰り返しながら、バージョンアップしていきます。それを1年間に3回繰り返せば、それなりにユーザーに受け入れられるものになるものです。

もちろん、リサーチして分析する過程は重要です。私が起業した際にも、日本中の教育サービスを見て回りました。当時2歳の娘をつれて、さまざまな幼児教育を見ました。アメリカやシンガポールの学校も見に行きました。その上で「探究型学習」を掲げて事業をスタートさせましたが、まったく反響がなく、結局、軌道に乗せることはできませんでした。

その原因を分析して、「なるほどこういう理由で反響がないのか」とか、「こういう理由でこのままやっても無理だな」と気づき、民間学童保育に切り替えてスタートしながらまた学んでいき、STEM教育に出合っていまの形態にたどり着きました。

最初にリサーチして分析するのは重要ですが、そこから先は考えていてもあまり意味がありません。〝ものすごく勉強ができた〟という人は、自分ですべてのことが見通せるはずだと勘違いすることがままあるように思いますが、それは無理です。〝いまの自分には見通せないものがあって、そこはやってみないとわからない〟という姿勢が大切です。

まずスタートさせてみて、さまざまな反応を見ながら、何が問題なのかを考えていく。また手法を変えたり、視点を変えたりしてやってみる。そういった試行錯誤を繰り返していくことで、状況を打開し、良いものをつくっていけます。

ですから、まず失敗を恐れずにスタートする力を、子どもたちにも育んでほしいと思います。初動力こそ、これからの社会でとても重要な能力で、人生を豊かな方向に導いてくれるはずだからです。

「初動力」がある子は、結果を出せる

これからの日本社会はどうなっていくでしょうか。かつての高度経済成長期のように、自動車や家電といった特定の工業製品で国全体が潤っていくという未来は、もう想定できません。

バイオやAIなど、大きく成長しそうな分野はありますが、日本のような成熟した社会では、既存の産業のなかで「あんなものがあったらいいんじゃないか、こんなものもおもしろいんじゃないか」という、小さなイノベーションがさまざまな分野で起きている、という状態を活性化させるほうが、社会も個人もより豊かになると私は考えています。

そういう社会こそが、日本のような成熟社会（経済や社会制度が発展し、必要なモノやサービスがすでに満たされている社会）が目指すべき次のステージであるはずです。そして、そこで求められるのは、初動力の高い人だろうと思います。「とりあえず手を動かしてみる」「走りながら考える」という力――初動力の高い人が活躍する時代になるでしょう。

あらかじめ先が見通せないと手が動かないという子は、やはり多くいます。しかし、よくわからないことがたくさんあって、複雑で構造を理解しきれないなかでも模索し、振り返って学び、また次に生かしていけばいい――そんな人生観を身につけられれば、まず「走り出してみよう」と思うことができます。

私のように起業するタイプの人は、楽観的な性格もあるかもしれませんが、初動力は高いと言ってよいでしょう。このようなタイプは「やりながら学べるはずだ」という感覚が素地にあり、はじめは見通せていなくても最初の一歩を踏み出せる力があることで、結果的にいろいろ学べるのが特徴です。

学歴や学力など学校での価値観だけで評価されてきた子は、この初動力が低い傾向にあると言えます。

というのも、学校の勉強では、答えがあります。教師が多くの場合答えを持っていますし、計算式の答えは必ず1個です。そのため、勉強ができる子はたいていの場合、答えを確実に導き出せそうだという見通しが立てられます。

それに慣れると、答えを見通せないことに不安を抱いたり、正解できないかもしれないと躊躇《ちゅうちょ》してしまうのです。

しかし、実社会に出ると、確固たる正解があることなどそうはありません。20個の課題のうち10個も解決できたら、大成功でしょう。はじめから見通せることもあまりありません。

学力に傾倒した評価軸で成功体験を積んでいくと、見通しの立たないことにチャレンジするのに不安を感じるようになります。そのせいで初動力が弱まってしまうのです。

感性と直観がさらに子どもを伸ばす

これからの社会に必要なのは、新しい意味での賢さであり、大人になってからは身につけるのが難しい価値観や社会に対する姿勢であるとお話ししてきましたが、それ以外にも重要な要素があります。

「感性」と「直観力」です。

やはりコンピュータ（ＡＩ）が苦手とする分野です。

たとえば、小学校の国語には情景描写というものがあります。情景描写とは、風景を記述することによって人の心の様子を映し出す描写のことです。

悲しい場面で「主人公が泣いているときに雨が降ってきた」というような描写を読んだとき、私たちは雨が主人公の心の内を表しているんだなと読み取ることができます。しかしコンピュータには、雨と悲しさの関連性を理解するのは難しいでしょう。

これを理解するには「感性」が必要だからです。

では、この「感性」は一体どうやって育まれるのでしょうか？

それは体験によってである、というのが私の考えです。

人とのコミュニケーションや自然のなかでの体験は、実際に体験していないと想像できないことが多いからです。体験すると、目の前の言語という記号を、感情がともなうイメージとして頭のなかでビジュアル化できます。

もとの材料となる知識がないと思考できないのと同じで、イメージを膨らませるためには、そのもととなる原体験が必要です。「湖に霧が立ち込め、空気がシンと張りつめている」という文章を読んでも、湖に行ったことがない人にはイメージできないでしょう。

だからこそ、子どもの時分にはさまざまな体験を、ありったけしておくことが重要なのです。とくに自然のなかでの体験であったり、誰かと一緒に何かをするという、人と触れ合う経験です。そのなかで感性が磨かれます。

「直観力」にも同じことが言えます。

コンピュータは当然、複雑な事象や、アルゴリズム化・プログラム化できないものが不得手です。囲碁の世界ではＡＩがプロ棋士に勝つ事例も出てきていますが、逆にＡＩの戦略を学んだプロ棋士が雪辱を果たすという現象も出てきています。

囲碁の場合、基本的には次の一手を考えるとき、可能性としては毎回10の３６０乗ほどの計算をしなければいけないと言われています。これを本当にひとつひとつ検証しようとすると、スーパーコンピュータでも何年もの時間が必要です。それをＡＩソフトはプログラムによって簡略化し、次の一手を考えます。

しかし、囲碁の名人たちは直観的に、経験上「こちらではないはず」と選択肢をバッサリ捨てることができます。それによって、打つべき手の選択肢を限定することができるのです。

「バッサリ捨て去る」ことができるのは、実践した人だけが持つ経験や知識の組み合わせからくる直観力です。ここでもたくさんの知識と体験が大切なのです。

縦ではなく、横に広げて育もう

では、こうしたこれからの社会に必要な能力を高めるために、子どもたちはどのような段階を踏んで育まれるべきなのでしょうか。

子どもたちを植物の木にたとえるとわかりやすいでしょう。木は時間をかけてじっくり成長していきます。幹は上にばかり伸びても、ひょろひょろであれば途中でポキッと折れてしまいます。それよりも、幹のしっかりした太い木になったほうが倒れにくい。枝や葉をたくさんつけたほうが豊かで多様性がある。

子どもも、それと似ています。

子どもはあるとき勝手に成長し、そしてしばらくその状態をじっくり過ごします。そしてまたあるとき勝手に成長するのです。いつも上に引っ張り上げる必要はありません。焦らずじっくり横に枝をたくさん伸ばし、葉を豊かにつけていくのが、子どもの育て方としてはフィットするのです。

親はつい、上に縦に伸ばそうとします。そのほうが目に見える結果を感じやすいからです。でも、子どもの成長する力を信じて、幹を太く横に広げていくことが大切です。

発達障害の子どもたちの育ち方が、イメージしやすいかもしれません。彼ら彼女らは、発達スピードがひとりひとりまったく違います。一般的な学校のカリキュラムで上に引っ張っていく手法がそぐわないというのは、療育の場では共通した認識です。

そのため発達障害の子は、ゆっくり横に広げていくことに重点が置かれます。

このことは、発達障害ではない子にとっても同じなのです。学校のカリキュラムは、年齢に合わせて上に進んでいくというスタイルですから、先取り学習をして上に進めるのがいいという発想になりがちです。算数でたとえるなら、計算プリントをたくさんやらせる塾で、2学年も3学年も上の内容をやらせるということです。

その進みが早いほど「よくできる子」という評価を下すのは簡単ですが、果たしてそうでしょうか？　もちろん計算が大好きで夢中になるほど楽しいという子であれば、理解の度合いにしたがって次のステップにどんどん挑戦させるのもよいでしょうが、もしそうでないなら、上への成長を急がせる必要はありません。

ロシアでは、子どもの発達に合わせて5歳から8歳のあいだで小学校の入学時期を選ぶことができますし、カナダも5歳か6歳のどちらで入学するかを選べます。

日本の環境にいると、みんな同じ年齢で同じ内容を学ぶために、ほかの子どもと比較してしまいやすいという事実を、親は認識すべきでしょう。

児童期の親は焦る必要はないのです。ついついほかの子どもと比較してしまうかもしれません。そのとき、うちの子は劣っていると感じていたら要注意です。その感情は言葉の端々に乗って子どもに伝わり、子どもは自信を失ってしまうかもしれません。

学力に関して言えば、小学校4年生ごろから差が出てきます。この時期から、算数でも国語でも抽象概念が入ってきて、勉強がぐっと難しくなるからです。

たとえば、算数においては小数点や分数の計算など、実際の世界にはないものが入ってきます。国語では、低学年で習う漢字が「木」や「水」など具体的な形のイメージからできる象形文字が中心だったのに対し、4年生からは「引」や「会」など、抽象概念を文字にした会意文字を習うようになります。

というのも、抽象的な概念を理解できるようになるのが、だいたい4年生ごろだからです。ヒトの脳がほかの生物ともっとも異なるのは、実態のないものを理解したりイメージしたりできることです。神話やペガサスなど架空の生物や、小数や分数などはほかの動物の脳では理解できません。複雑な構造を理解できるようになるのもこの時期で、10歳前後は大人の入り口に立っている状態だと言えるかもしれません。しかし、これも子どもによって時期に差があるのです。

子どものうちは、知識も大切ですが、五感を豊かに刺激する体験も大切だと思っています。さまざまな体験を通じて知識を増やし、あるときふと、また別の概念を理解できるようになります。子どもは勝手に成長していくのです。

横に広げることを意識したほうが結果的に、幹は太く、枝も多く、たくさんの葉を繁らせる大きな木になることができます。これが思考の広さや深さとなるのです。

焦って高度な内容を学ばせる必要もありません。先に階段を上り切ることと、最終的に高いところまで上れるようになることは、必ずしも同じではないのです。

こうして力をつけていくなかで、自分の好きなもの、興味あるもの、没頭して夢中になれる分野に出合って、深掘りしていけたら理想的でしょう。

こうした考えから、私はステモンを中心にしながら、「スイッチスクール」という学童保育（詳しくは第４章）や、ＢＯＫＥＮという体験型スクール（詳しくは第４章）も展開しています。それぞれのペースでさまざまな体験をすることができる環境をつくっているのです。

子どもの力を引き出すために、親にできること

子どもが何か特定のものに興味を示したり、「これをやっているときはとても楽しいな」という表情を見せたら、親はどう対応すべきでしょうか。

私の考えはこうです。

最初は先頭に立って進むべき方向を示していく先導者になるべきですが、次第に横

について走る伴走者になり、最後は沿道から声援を送る一ファンになる、ということです。

はじめに子どもを先導する際には、親はコーチであり助言者であり、よきスポンサーになる必要もあるでしょう。

次に大事になってくるのは、だんだんと手綱を緩めることです。子どもが思うように進めるようサポートする側に回るのです。そして最後は、もう親を超えたところに達していくはずですから、信じて応援していくのです。

最初の先導者の時点では、ちょっと誘導することも場合によっては有効です。

よく心理学では内発的な動機（自らの意欲によって取り組む姿勢）が大事だと言われますが、子どもに自然発生的に内発的な動機を芽生えさせるというのは、なかなか難しいものです。

たとえば、ピアノ教室に通わせたいと思っても、ピアノがどれだけおもしろいものかを見聞きする機会がなければ、興味関心を持てません。ピアノならふだんから目にしやすいですが、そのほかの分野であれば、親があえて機会をつくる必要があります。

その場合には、ちょっと誘導的だったり、ご褒美があったりなど、外発的な動機（自分以外の要因が動機となること）があっていいのです。外発的な動機で始めても、やっていくうちに上手くできるようになったり、楽しみを見つけていくと、子どもはいつのまにか自ら内発的な動機を得て、自然に自分からやるようになっていきます。そのタイミングが来たら、そっと外発的な動機を引き抜いていくのです。そうすれば、もうご褒美がなくても自分で進んでやるようになります。

ご褒美としては、お小遣いをあげるというのもありだと思います。最初はお金がもらえるからやっていたことでも、いつのまにかおもしろくなって、お金に関係なく自分で勉強するようになることはよくあります。

たとえば、東京で探究学舎を主宰する宝槻《ほうつき》泰伸さんは子どものころ、参考書を読んでレポートを書いたら10円という具合に、父親からお小遣いをもらっていたそうです。最初はお小遣い欲しさにやっていたのが、だんだんおもしろくなっていき、自分でどんどん勉強するようになったそうです。そうした父親の独特の教育のおかげで、高校に行かずに京都大学を卒業しました。

宝槻さんには同じように育てられた2人の弟さんもいるのですが、宝槻さんたち3兄弟は、いまでは社会貢献意識が非常に高い起業家になっています。

最初はたいしてやりたくもなかったけれど、嫌々でもやっているうちにそのおもしろさに気づいてのめり込んでいく、ということは誰にでも起こります。そこまでいけばしめたもので、子どもは放っておいても勝手に学びます。好きなゲームを何時間でもやるように、楽しみながら学ぶのです。

ただ、その過程のどこかで行き詰まったり飽きたりする時期がきます。そこで一度、親が伴走してあげることが大切です。放置せずに一緒に楽しんだり、考えたりしてあげるのです。すると子どもはまた夢中になります。

もしまた行き詰まったら、また少し伴走してあげます。それを何回かやっていくうちに、子どもは親の伴走なしでも学んでいけるようになるでしょう。

一定のレベルを超えたところにある奥深い楽しさに届く手前で飽きてしまったり、あきらめてしまったりすると、その先に続きません。でも、そこを超えることができると、楽しくなってくるのです。

子どものやる気を引き出すには、子どもにやらせたいことを大人が楽しんでやって見せるのもひとつの方法です。

私の場合は、娘たちにレゴブロックを好きになってほしいと思って買ったのですが、最初はなかなかやってくれませんでした。そこで、私自身がレゴで遊んで楽しんで見せました。すると、とたんに食いついてきます。「いまはパパが楽しんでるんだから」といったん参加を断ると、これは効果てきめんです（笑）。余計にやりたくなって食らいついてきました。もちろん、最終的には「じゃあいいよ、一緒にやろう」となるわけですが、いまでは私抜きでも自ら進んでレゴで遊ぶようになりました。

「どうやったら子どもが本好きになるんでしょうか？」という質問をいただくこともよくありますが、そんなときは、「親が楽しいと思える本を一緒に読んでみてくださ い」と答えています。

親が楽しそうに本を読んでいると、子どもは必ずと言っていいほど「何を読んでるの？」と興味を示します。「この本、すごく好きなんだ」と答えると、子どもはさらに興味を持ちます。そして、のぞき込んできて一緒に読むようになるのです。うちの子どもたちは幼少期から妻が読み聞かせをしていたせいか、いまでは本をよく読んでいます。『かいけつゾロリ』や『おしりたんてい』シリーズが中心ですが。

手が届くところにたくさん本がある環境というのは、子どもの語彙力を発達させせます。その語彙力が豊かな感性と思考力を高めていくことにもつながるはずです。

親は子どもの一ファンになろう

私たち親というのは、いつまでたっても一ファンになれず、ずっと子どもの先導者であろうとする傾向が強いようです。親は、自ら身を引くことを心がけなければなりません。親がずっと先導役であろうとすると、子どもは親に依存したまま大人になります。

そして親の思いが強すぎると、子どもはそれに応えようとするので内発的な動機を得られず、また大好きな親の期待に応えられなかった子どもは、親を喜ばせることができないと感じて苦しみます。

昔のように一世帯に子どもの数が多かった時代は、親はひとりひとりの面倒を到底見られませんから、結果的に放っておくことになりました。しかし、いまのように子どもの数が少ないと、親はつい、時間とお金と想いを子どもに注ぎたくなってしまいます。

子どもに干渉しすぎてしまうとき、知らぬ間に子どもを自分の自己実現と重ね、子どもに依存しがちです。こうして親子が共依存するようになると、子どもの能力を育てるどころか、子どもの自立の妨げにもなります。

東京都初の民間人校長として杉並区立和田中学校の校長を務めた藤原和博さんと先日ご一緒したとき、いまの家庭はお母さんが子どもにかかわりすぎているケースが多いと話されていました。講演でも、「放っておけと言ってもできないのなら、海外に留学させなさい」と述べていました。子どもを強制的に手放しなさい、というのです。

母親は、子どもが何歳になっても母親です。わが子を自分のこと以上に大切に思う気持ちは、おそらく一生変わらないのが母親でしょう。ただ、その思いの伝え方次第では子どもの自立を妨げてしまう、ということです。

もし子どものために仕事をやめて専業主婦になった母親であれば、子どものことが何よりも第一だと考えるのも自然です。子どもこそが、自分がやってきたすべての表れであるように感じることだってあるでしょう。

でも、子どもが伴走を必要としなくなったら、いったん手放す必要があります。子どもの一ファンになって、沿道から見守り、ときに声援を送り変化をおもしろがる、という楽しみ方に変えてください。

ステモンで働いている講師のなかには、専業主婦だった女性も数多くいますが、みんなとてもイキイキしています。家では母親として多くの家事をこなし、子どもとときにケンカすることだってあるでしょうが、ステモンで子どもたちに慕われ、リアルな子育て経験者として保護者からも頼りにされています。

親はある時点から子どもの一ファンとなり、同時に自分の楽しみに目を向けていくとよいでしょう。そうやって楽しそうに活動する親の背中を見て、子どもは人生というのが生きるに値するものだという、まっとうでとても貴重な感覚を自然に習得していくのだと思います。

とはいえ、親が子どもを愛するがゆえに手放すのが難しいという気持ちもよくわかります。そんなときは、こう考えてみてはいかがでしょうか。

「未知のことを自分で学ぶ修業を一定期間させる」という発想です。

先日、株式会社STANDARDの石井大智社長と仕事でご一緒しました。この会社はAI技術を学ぶことができる学生ベンチャーですが、きっかけは学生たちがAIを勉強したいと思ったけれど、新しい技術なのでどこにも学ぶ教材がない、教えてくれる人もいなかったということにありました。だから自分たちで学んで、その学んだ手法を販売したら多くの企業が買ってくれて、東京の大企業を中心に150社以上の顧客を抱える学生ベンチャーになりました。

これが意味するのは、これから新しい技術がたくさん生まれるだろうけれども、先生たちも親たちも、まだ誰も教えることができないものだということです。だから、自分で学ぶ必要があります。

誰にも教わらず自分の力で学ぶ修業を1年間くらいさせてみればいいのです。その間は放っておいても、1年くらいの学力なら、あとでいくらだって挽回できるはずです。そんな気持ちで子どもを一定期間、沿道から見守ってみるのです。

STEMで「イキイキと生き続ける」ことができる子に

「社会とともにイキイキと生き続ける力を引き出す」

これがわが社の方針のひとつです。

実際に、「イキイキと生き続けている」状態を、私たちは次のように定義しています。

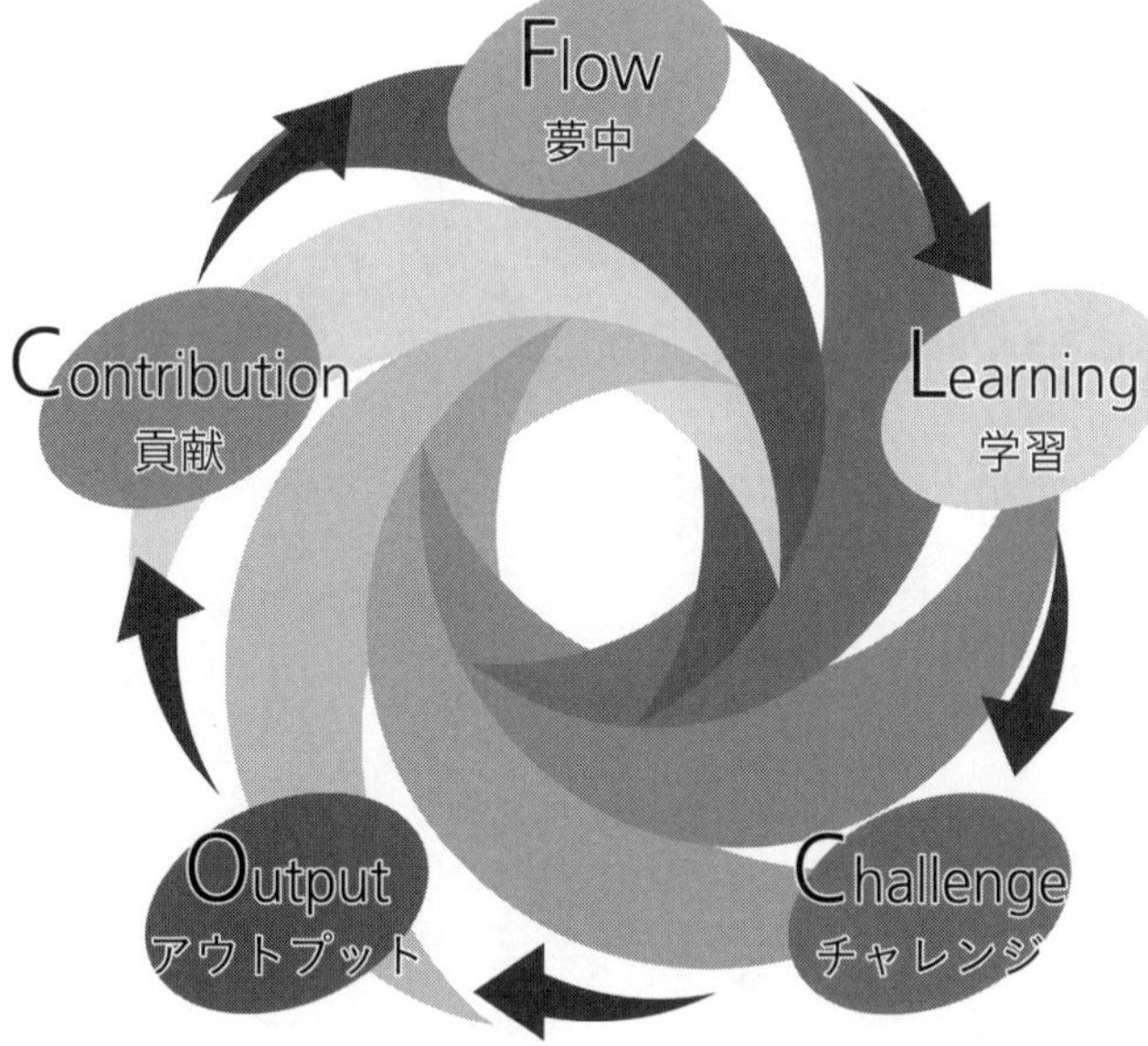

まず、（1）夢中になれる領域を見つけていて、（2）その領域で「つくりたい！」「表現したい！」「成し遂げたい！」という目標（アウトプット）に対し、（3）学習と（4）チャレンジが繰り返されている。そして、アウトプットしたものが組織やコミュニティの発展に（5）貢献している。それを自分の喜びにつなげ、また夢中になる。

このサイクルがグルグル回っている状態、それが「イキイキと生き続ける」ことだと定義しています。

この5つのサイクルを回し続けるためには、どのような素養が大切でしょうか。健康や倫理観といった普遍的なものと、時代によって変わるものがあるでしょう。

これからAI社会に移行していくなかで、コンピュータが苦手な「創造」や「表現」の重要性が高まっていくだろうというお話は先ほどもしましたが、ここで言う「創造」とは、製品はもちろん、システムやカルチャーなどをつくることも含めた広義での「つくる」です。「表現」とは、自分が感じたことや考えたことを何らかの〝形にする〟という意味で使っています。

この2つはAI社会に移っていくなかで、私たちがおのおのの存在価値を発揮しながらも、心豊かに暮らすために大事な能力になるでしょう。

では、子どもたちの教育環境が、創造力や表現力を育むシステムになっているかというと、残念ながら充分とは言えません。集団行動を求められる学校や、画一的な評価基準の受験システムは、創造力や表現力を育む環境とはほど遠いものです。

こうした状況を補完するために、STEM教育は非常に有効な手段だと期待してい

時代によって求められた(る)人物像

農耕社会以前の社会

	農耕社会 18世紀以前	工業社会 19-20世紀	情報・グローバル社会 21世紀
時代認識	生活は農耕や漁業が中心で、親の職業を継ぎ、その職業を生涯続けることが慣例だった。 各地域ごとのコミュニティにて、自然環境に合わせて生活が営まれていて、一定のコミュニティの中で生涯農耕や漁業を営んでいくという生活だった。	産業革命によってエネルギーが体力から石炭・火力等に変わり、工業化が進んだ。 企業や農業群が大規模化していき、効率を高めるために組織内外において機能ごとの分業体制が構築された。 また、分業された各機能を横断して効率的に運用するために、企業内・産業内において共通の規則・システム・慣行等が構築されていった。	情報技術革命によって誰でも世界中の情報にアクセス可能となった。情報処理能力も飛躍的に進歩し、物流の発達も進んだことでグローバル社会を迎えた。 また、物質的な豊かさが満たされ成熟社会を迎え、多様な価値観が形成された。 それを前提に新たな価値を生み出したり、各々の幸せの実現を目指す社会へと変わった。
求められた(る)人材像	一次産業の労働者としての技能を習得し、その技能を発揮し続けることで継続的に生産し続けることが求められた。 また、地域コミュニティの円滑な運営に貢献することも大切な能力であった。	分化した機能の一部を担い、その役割を正確かつ効率よく処理していくための知識・技能が求められた。 また、産業群における各組織が円滑に運営されるために調整力が求められた。	成熟した社会が新しい領域を開拓するために、主体的に取り組むテーマを選び、試行錯誤を続け、創造する力が求められている。 また、(国・組織に必ずしも依存せず)個から情報を発信する力や多様な個性と協業する力も重要な能力になっている。

未来の社会

		農耕社会	工業社会	情報・グローバル社会
保有すべき主な素養	時代にかかわらず共通	・健康(肉体労働の維持) ・倫理観 ・協調性(コミュニティ内での協調性)	・健康(安定した労働) ・倫理観 ・協調性(組織内での協調性)	・健康(健康かつ前向きな心) ・倫理観 ・協調性(多様な個性との協調性)
	時代によって異なる	・体力(肉体労働に必要な体力)	・読み・書き・算数力 ・論理的思考力 ・調整力	・IT活用力 ・探究力 ・語学力 ・創造力(批判的思考、類推思考) ・前向きな心

株式会社ヴィリング事業概要より

ます。そして教科にとらわれず、さまざまな知識を組み合わせながら、子どもたちが自分なりに考えてつくる活動が、ＳＴＥＭ教育の魅力をもっとも発揮させる方法だと考えています。

次章では、具体的にステモンでどのような学びがおこなわれているかをお話ししていきます。

第3章

「STEM」を「ON」にすると能力が開花する！

これからの社会に必要なＳＴＥＭとは何か

ここまでお話ししてきたように、これからの社会で必要な能力を高めるための場を提供したくて始めたのが、「ＳＴＥＭＯＮ（ステモン）」です。

「理数ＩＴに強い人に育てる」という理念のもと、年長～小中学生を対象に、ものづくりを中心にしたＳＴＥＭ教育専門スクールとして２０１４年に立ち上げました。

ステモンは、すでにお話ししたように欧米で重要視されている「ＳＴＥＭ教育」、すなわち「Science（科学）」「Technology（先端技術）」「Engineering（工学技術）」「Mathematics（数学）」の頭文字に、「ＯＮ」をプラスして名付けました。いつでも「ＳＴＥＭ」を「ＯＮ」にするという意味です。

ＳＴＥＭ教育という言葉はこの４つの領域を意味するだけなので、私はこのＳＴＥＭ教育を「４つの領域の知識を横断的に活用しながらつくることで学ぶ学習」と定義しています。ですから、計算ドリルをやっていればＳＴＥＭなのか、そろばんをやっていればＳＴＥＭなのかというと、違います。

知識と技術を横断的に活用して解決していくのが、ＳＴＥＭ教育の醍醐味なのです。

ＳＴＥＭ教育に特化し、つくることで学び、テクノロジーを活用して〝創造する力〟と〝表現する力〟を身につけてもらうことを目指して、ステモンでは独自のカリキュラムを開発してきました。２０１８年11月時点で、全国に50の教室を展開するに至っています。

ＳＴＥＭとは、アメリカで２０００年ごろから使われ始めた言葉で、オバマ前大統領が就任後、人材育成の本丸にしたことで一気に認知度が上がりました。当時から欧米や東南アジアでは使われていた用語です。

アメリカでは「国を挙げてＩＴ人材を育成しなければいけない」という背景から生まれました。新しいテクノロジーを生み出し、それによってイノベーションを興すことで経済をけん引していく。そのための人材を育成する必要があるとの観点から発想されたものです。

日本ではＳＴＥＭ教育よりも「プログラミング教育」が広く認知されていますが、海外ではプログラミング教育という言葉はほぼ使われず、「コンピューティング」や「コンピューターサイエンス」と呼ばれています。これらはＳＴＥＭ教育の一部と言えるでしょう。ＳＴＥＭとは、それだけ広い領域をカバーする言葉なのです。

アメリカは１９７０～80年代にかけて工業が衰退して金融にシフトし、その後、90年代からはＩＴに力を入れるようになっていきました。世界でＩＣＴ（情報通信技術）をリードしていく人材や企業をつくっていこうという意図なのでしょう。

ＳＴＥＭ教育のなかでももっとも素晴らしいと言える活動をおこなっているのが、ボストンにあるタフツ大学のＣＥＥＯ（Center for Engineering Education and Outreach）です。

ここでは教育学部と工学部が知見を持ち寄り、地域の子どもたちが工学的な考え方を育めるような教育を実践しています。教育学部と工学部が共同で教育に取り組む研究機関は日本にはなく、世界を見渡しても大変めずらしい取り組みです。

私が新しい民間教育の在り方を模索していた際、石原正雄さんと出会ったことが転機となりました。石原正雄さんは、当時このタフツ大学のアドバイザーをされていて、石原さんからＳＴＥＭ教育の魅力を紹介してもらったのが、「ＳＴＥＭＯＮ」のはじまりです。

２０１３年の10月ごろから本格的にＳＴＥＭ教育のワークショップを開催し、石原さんがつくったカリキュラムを私が講師として実践し、うまくいったところや修正が必要なところをフィードバックして、また試す。週に2度このミーティングを2年間続けて、いまのスタイルに行き着きました。

石原さんと著者で日本初のSTEM教育スクールを立ち上げる。

タフツ大学の研究者がステモンに来て共同で実践。

石原さんは現在も、ステモンやスイッチスクールにタフツ大学の研究生を招聘して、ワークショップを開いてくださっています。

日本各地を巡ってやっと見つけた、ステモンの出発点

ステモンは、学校教育や受験教育では担えない部分を手がけていこうという趣旨で始めました。現在の教育システムは工業社会を前提につくられたものですから、本来、社会が変わるのに合わせて変わっていくべきですが、実際はまだ変われていません。

一方で、社会は待ったなしで変化しています。1995年ごろからWindowsが広まり、2000年ごろからはインターネットが生活を変え、iPhoneが広まった2012年ごろから社会やビジネスのルールが大きく変わりました。メルカリやYouTubeのように、企業や国に関係なく個人が簡単につながることができる時代になったのです。

それに合わせて学校教育も変わる必要がありますが、そう簡単には変われません。2017年に教員を経験して、あと20年は学校は変われないと思いました。

では、この20年間に公教育を受ける子どもたちはどうなるのか？　学校や受験で学ぶことと、社会に出たあとに求められることとのギャップが大きくなり続けるでしょう。だからといって何もせずに子どもたちを犠牲にするわけにはいきません。

ですから、公教育が担えない部分を民間教育が担うべきだと考えています。

私が起業した当初に考えたポイントは、「テクノロジーを活用する」「正解があらかじめ用意されていないもの」の2点でした。

このテーマでいろいろコンテンツを探しました。アートや音楽、料理やスポーツもいいなと思いましたが、「探究型の学習」と「STEM教育」が、日本の教育を次のステージに移行させるためのプログラムとして期待できるのではないかと考えました。

立ち上げの過程で参考にしたのが、神戸のラーンネット・グローバルスクールと中野にある東京コミュニティスクールです。全国の民間教育を見て回ってもっとも衝撃を受けたのが、この2つのスクールでした。

ラーンネット・グローバルスクール（以下、ラーンネット）は、代表の炭谷俊樹さんが20年以上前につくったオルタナティブスクールで、姉妹校のような形で東京コミュニティスクール（以下、TCS）が開校されました。

ラーンネットは六甲山を登った自然豊かなすばらしい環境にあり、子どもたちもスタッフも朝、最寄りの岡本駅に集合してマイクロバスで落語などを聴きながら六甲山を登っていきます。いわゆる学校法人ではなく、フリースクールの枠組みに入ります。ですから子どもたちは地域の公立小学校に学籍を置きながら、実際はラーンネットに通って学びます。いまでこそ「オルタナティブスクール」という概念が少し認められてきましたが、当時は公立小学校に認めてもらえないなど苦労されたお話を伺いました。

塾のような習い事ではなく、毎日朝から登校するフルスクールですが、まず驚いたのが、チャイムやテストがないこと。子どもたちは漢字や計算など知識も学びますが、好きなことをとことん追求できる仕組みが、そこにはあります。

炭谷さんがマッキンゼー時代にデンマークで過ごし、お子さんを現地の幼稚園に通わせた経験がベースになっています。テストや成績表がないので比較されることがなく、そのため子どもたちには苦手な教科・嫌いな教科というものができないということです。

また、このラーンネットでは「とことん」という時間帯が設定されていて、好きなことをとことん探究することができます。その時間は絵を描いている子もいれば、工作室で電動のこぎりを使って工作している子がいたりしました。先生ではなく「ナビゲーター」と呼ばれるスタッフが子どもたちの探究を支援するその情景には、とにかく感銘を受けるばかりでした。

同じように探究型学習をフルスクールとして運営するTCSにも何度も通わせていただきました。当時は東高円寺にあり、理事長の久保一之さんや校長の市川力さん（現在は退職）が実践する探究型学習を学ばせていただき、一緒にTCSのプログラムを考える機会もいただきました。ラーンネットは牧歌的な雰囲気の探究、TCSは国際バカロレア（IB）を参考にした秀逸な枠組みのもと取り組む探究、という印象を私は持っています。

TCSに通っていた当時、私は「運動×脳科学」にも興味を持っていて、『脳を鍛えるには運動しかない！』（NHK出版）を実践する米国の団体「SPARK」にアポイントをとってカリフォルニアを訪問してきたところでした。この訪問は、ベネッセホールディングス取締役の福武英明さんと一緒に行ったのですが、有酸素運動と複雑な運動が脳に与える影響の研究成果を実践していてとてもユニークなものでした。これをTCSに提案させていただき、PE For Life（新しい体育）を共同開発しました。

「理想的な教育」と「現実に選ばざるを得ない教育」

ラーンネットやTCSにかかわるなかですっかり探究型学習の魅力に引き込まれた私ですが、親の立場からすると、学校法人ではないフリースクールに通わせるのには勇気が必要でしょう。そこで私は、放課後の習い事としてその探究型学習をやろうと考えました。

そうして2013年に生まれたのが、探究型学習スクール「BOKEN」です。教育心理学の藤田哲也教授（法政大学）と一緒に「研究者スイッチ！」「心ふるわすシナリオライター」など複数の探究プロジェクトを開発し、スタートさせました。ところが、サマースクールは反響があったのですが、毎週の習い事として開設したレギュラー教室はひとりも生徒が集まらなかったのです。借りた物件も一度も使わずに違約金を支払って解約です。

この経験から、「理想的な教育」と「現実的に選ばざるを得ない教育」というものが親にはあるのだと痛感しました。当時一緒に活動をしていた野崎智成氏や4人のインターン生たちと大きな挫折を味わいました。

この失敗をきっかけに、上記のメンバーたちとほかの教育事業を模索し、2か月ほど模索したなかにSTEM教育がありました。しかしSTEM教育も探究型学習同様に、まだ受け入れてもらえないだろうと考え、次世代型の民間学童保育という形で、待機児童問題と同時にSTEM教育に取り組むことにしました。こうして2014年4月に「民間学童保育スイッチスクール」を始めました。

現在ではステモンを全国に展開しつつ、BOKENとスイッチスクールも運営しながら双方の利点を取り入れているという状況です。

ステモンにたどり着くまでの模索期間中は、ロボット教室や理科の実験教室などにも魅力を感じましたが、ロボットは説明書通りにつくる場合がほとんどで創造性に乏しく、理科の実験も結果はあらかじめわかっています。

STEMでは教科横断的に知識を学びながら活動してつくりますから、課題に対してどういうものをつくるのかは、子どもによって違っていい、というのが特徴で、ほかの理系教室との大きな違いです。最近ではSTEMに〝Art〟のAを加えて、STEAM（スティーム）と呼ぶ人もいます。まさにSTEM教育とは、テクノロジーを活用したアート教室なのです。

この自由度の幅こそが、子どもたちの能力を開花させるために非常に大切なことだという確信がありました。

ＳＴＥＭ教育が有効である４つの理由

ベンチャー企業時代の経験から、複数の領域の知識を組み合わせてつくる創造力や、自由な表現をするためのトレーニングは、社会に出てからではなく、子どものうちから知識学習と並行しておこなうべきだと考えています。〝知る・学ぶ〟ばかりではなく、〝つくる・アウトプットする〟練習もたくさんすべきです。

その手段として、ＳＴＥＭ教育はとても有効です。知識を応用して問題解決する力、創造する力、表現する力を育むトレーニングとなるからです。アートやダンス、音楽や料理などでもいいトレーニングはできるでしょう。

それでもＳＴＥＭがもっとも良いと考える理由は、次の４つです。

①コンピュータを活用する力を育むことができる

どの職業についたとしても、これからの社会ではコンピュータを使える力が必須です。現在は学校の教科や受験科目に入っていないため、学習機会には大きな差があるのが現実ですが、すべての子どもがコンピュータを活用する力を身につけるべきです（もちろん、プログラマーになる、ということではありません）。

②教科横断の知識を応用しやすい

異なる領域の知識を組み合わせて新しい何かをつくることは、この先の社会ではとても重要になります。STEMという言葉からもわかるように、教科にとらわれず複数の知識を活用して制作する課題設定がしやすいからです。

③子どもが試行錯誤しやすい

子どもたちは、つくることが大好きです。STEMで使用する教材はブロックや電子教材など組み立て式のものが多く、失敗してもすぐに組み替えることができます。試行錯誤がスピーディーにできるので、子どもが飽きずに粘り強く取り組むことが可能です。

④オープンエンドの課題設定（自分なりの答えを出す）

テーマに沿って制作しますが、必ずしもみんなが同じものをつくる必要はありません。自分なりの正解を考え、つくる課題設定がしやすいことも特徴です。また、友だちがつくったものと自分のものとの違いを知ることも、個を認め合う大切さの学びにつながります。とくに同じ空間で一緒に楽しくつくると、自然とお互いを認め、ともに学び合うコミュニティができます。

「つくることで学ぶ」が子どもに良い理由

では、そもそもなぜ、「つくることで学ぶ」のがよいのでしょうか。

ステモンの実際の授業は、国内外から厳選したたくさんの教材を使い、私たちが自社でつくったテキストをもとにおこないます。

目的なくつくると、ただの遊びになってしまいます。毎回学びのねらいがあり、まずはその原理や構造を子どもたちにレクチャーします。あとは課題に沿って子どもたちが自分なりに制作していきます。講師は傍らについて指導はしますが、方向付けはしません。子どもを正解に向かわせるということはしません。

また、ひとりで黙々とつくるのではなく学び合いながらつくります。これらの要素を踏まえた学びは日本にはありませんでした。試行錯誤しながら、ステモン独自のメソッドが完成しました。

では、そのステモンメソッドで実際にどんな学びをおこなっているのか、学年ごとにご紹介していきましょう。

【ステモンの低学年（小学1～3年生）】

ステモンの低学年は「プログラミング」と「エンジニアリング（ものの仕組み）」の2ジャンルを学びます。

2015年度に、私は多摩市立愛和小学校で、公立小学校では日本ではじめてとなる連続的な「プログラミング」授業を実施しました（小学3～6年生に年間15時間ずつ）。ステモンでもこの経験を活かして、発達段階にあったプログラミングカリキュラムを開発しています。

低学年はタイピングが難しいのでパソコンは使わず、タブレット端末を使って直感的なプログラミングから取り組みます。タブレットのなかだけで完結させるものをつくったり、ロボットを動かしたりします。

たとえば、スクラッチジュニアやビスケットというアプリを使います。キャラクターをどのように動かしたいのか構想し、その動きを実現するためのプログラムを考えます。

そして、それを実現するための試行錯誤が非常に重要で、仮説をつくってやってみる、実装してやってみて検証する、上手くいかなかったら修正していく、ということを繰り返します。

ネコのキャラクターの動きをプログラムする際には、そのためのアルゴリズムが重要になります。アルゴリズムとは、何かものごとをおこなうときの一連の方法や手順のことで、アルゴリズムを組み合わせるためには構想力が必要です。

アルゴリズムやそれらの組み合わせが不適切だと、思い通りに動いてくれません。適切な手順や組み合わせのプログラムをつくる活動を通じて、論理的な思考力が高まっ

プログラムの例：

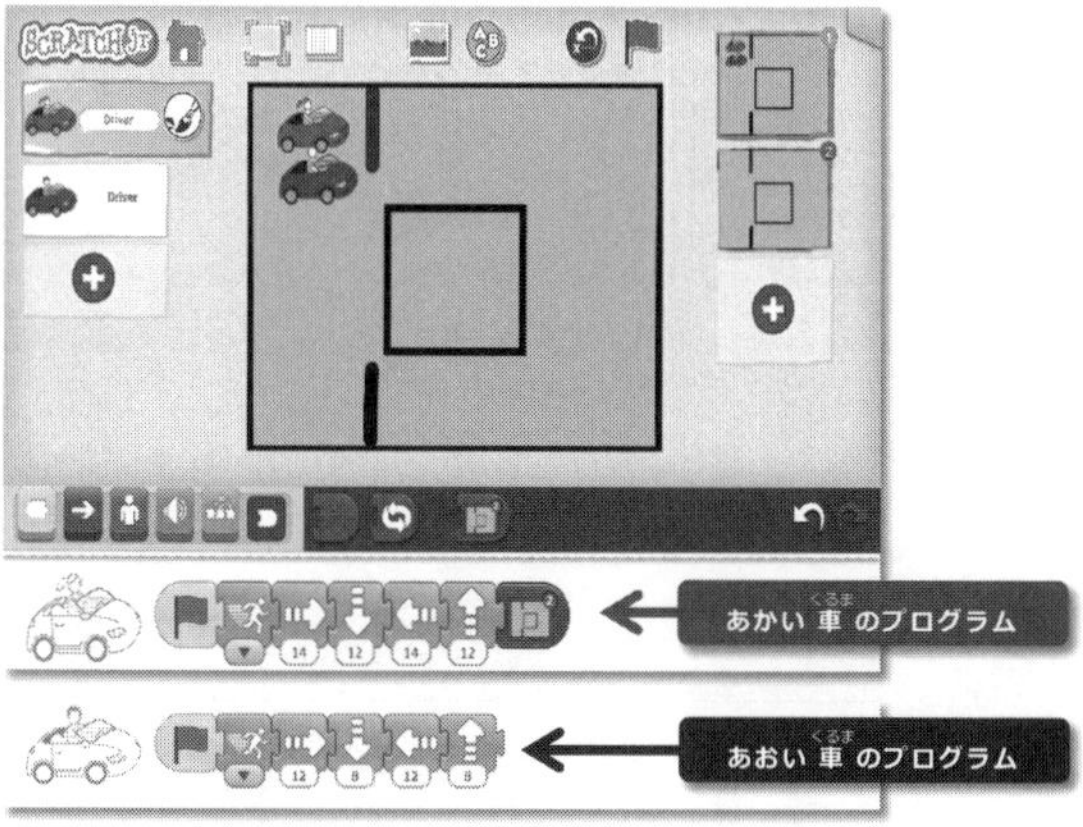

ていきます。

ロボット教材を使って、それを制御するプログラムをつくったりもします。

ロボットには赤外線などさまざまなセンサーとモーターがついていて、これらをタブレット端末のアプリで制御してプログラムをつくります。

「走る」「右回り」「左回り」といったモーターの制御と、センサーのはたらきを組み合わせるといろいろな動きをつくれます。

たとえば、何もないときはずっと動力50の力で前に進むけれど、トンネルをくぐっているとき（周りが暗いと光センサーが感じたら）ライトを明るく点灯させながらゆっくり走る。また、前に障害物があったら赤いランプを点灯させて停まる、といった具合です。これらを構想する思考活動は、思考の広さや深さに通じています。

プログラムに数式を付加することで、動きをどんどん複雑にすることもできます。

試してみて、自分の思ったとおりに動かなければプログラムを修正し、また試してみるという試行錯誤を重ねていくわけですが、つくったプログラムの結果がすぐにわかり、失敗をしていればまたやり直しできるので、失敗を恐れずに試す楽しさを感じることができるのです。

この試行錯誤の速さは、プログラミング教育の大きな魅力です。「構想して論理的に考え、試行錯誤する」という活動は、料理などでもできます。しかし料理は失敗をすぐに修正することはできません。塩を入れすぎたから取り出す、などは難しいですよね。

ステモンのレッスンでプログラムを構想する子どもたち。

最近ではいろいろなロボット教材が出てきていますので、今後さらに可能性が広がり、子どもたちの想像力も膨らんでいくことでしょう。

エンジニアリング（ものの仕組み）を学ぶレッスンは、たとえばこんなふうに始まります。

その回のテーマは、テコの原理を用いて投石機をつくること。1時間のレッスンのうち、10分で「学び」、40分で「つくる」、10分で「試す」をおこなうわけですが、まず「学び」では、「今日のテーマはテコだよ。昔、ピラミッドをつくっていたとき、何年前だか知ってる？」といった導入で始まります。子どもたちの興味を引きつける導入は、レッスンの成否を分けます。

「ピラミッドがつくられたのは3000年前。そのときブルドーザーなんてあったっけ？ クレーン車あったっけ？ ないよね。じゃあどうやって、あんなところまで石を持っていったんだと思う？」と話を進めて、「重いものを運ぶときに便利なものがあるよ」ということで、テコを紹介していきます。

次に、テコがどんなところに使われているのかという身近な事例を紹介します。実際にどんなことに知識が活用されているかという事例を示すと、子どもたちはぐっと引きつけられていきます。

たとえば、公園のシーソー、ハサミや栓抜き、ドアのノブもそうです。野球のスイングもテコの原理の応用です。

「こんなことに使われているんだ」という知識の活用例をたくさん渡すことで、引き出しが増えていくようにします。すると、徐々に自分でも気づけるようになって、自ら発想できるようになってくるのです。

仕組みを知ったあとで、それを活用した制作に取り掛かります。「みんなで遠くに重いものを飛ばす投石機をつくろう」といった課題です。ここで重要なのは、組み立て説明書を渡してみんなで同じものをつくるのではなく、学びたての知識を自分なりに活用して、オリジナルの投石機をつくることです。説明書を渡すと、「右から3番目の

穴にこの青のパーツを入れて、次は赤のパーツ2つを用意して……」といった具合に、子どもたちはそのとおり正確につくることに意識がいってしまいます。

正確に情報を処理する力はつきますが、これでは自分なりに考えてアウトプットするトレーニングにはなりません。そのためステモンでは組み立て説明書を渡すことはしないのです。

また、ただ単につくるのではなく、「よりよい方法はないか」を模索するようにも促していきます。投石機で言えば、より遠くに石を飛ばすにはどうすればいいかを考えるのです。説明書なしでつくる。これがとても重要なことなのです。

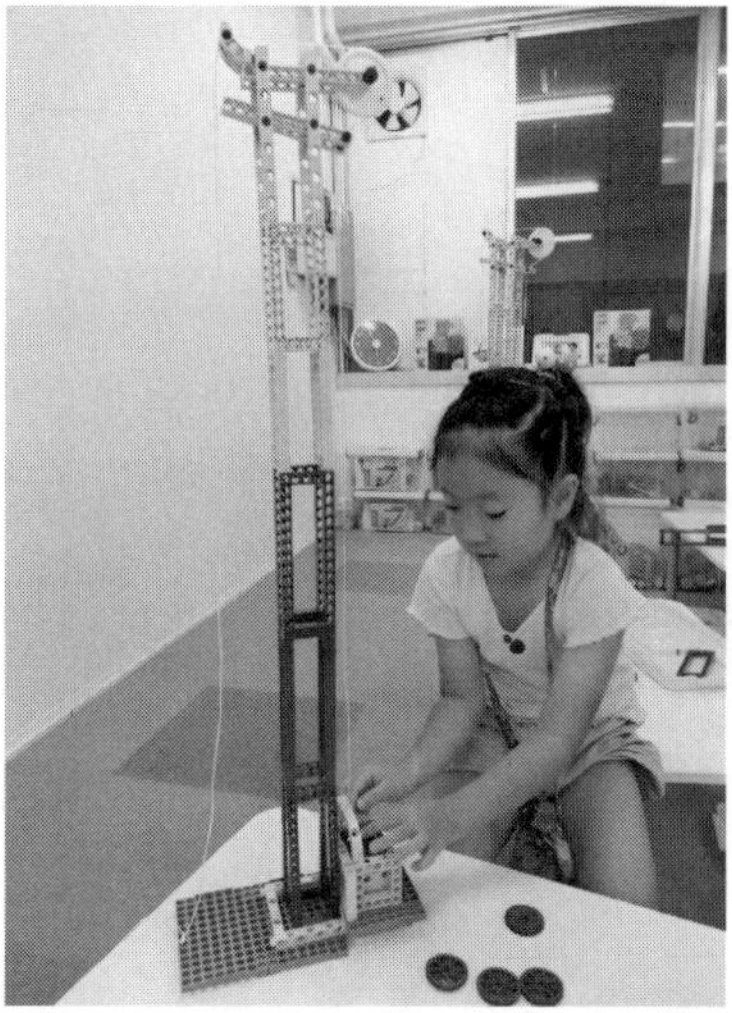

このような自由度の高い活動を低学年向けに実践することは、実はかなり難しいのです。なぜなら、「自由につくってよい」とすると、いつも宇宙船をつくった

り車をつくったりする子が出てきたりして、学んだ仕組みを活かせなくなってしまうからです。そうならないような仕掛けが、ステモンメソッドのなかには散りばめられています。

【ステモンの高学年（小学4〜6年生）】

高学年は、パソコンを使ったプログラミングでゲーム制作とロボット制御に特化して取り組みます。

高学年になるとローマ字を活用したタイピングがスムーズになるので、試行錯誤の邪魔になりません。パソコンを使ってより複雑なゲームをつくったり、高度なロボット制御をしたりできるようになっていきます。

ロボット制御でも、低学年よりもセンサーをたくさん活用して、実際にモノを動かしながらつくっていきます。たとえば、超音波センサーを使って、壁にぶつかりそうになったら止まる、衝突自動回避自動車などをつくったりします。

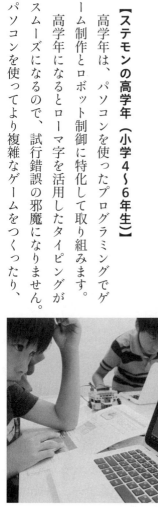

ゲームプログラミングはパソコンのなかだけで完結しますが、実際のモノを動かすプログラミングをしていくことで、エンジニアリングとの組み合わせが必要になります。ひとつの同じ課題でも、プログラミングで解決するのか、エンジニアリングで解決するのか、より創造力や応用力が磨かれていくわけです。

この活動をするためにも、低学年でエンジニアリング（ものの仕組み）を学んでおくことが必須です。ステモンはプログラミングだけを学ぶプログラミング教室ではなく、エンジニアリングも学ぶＳＴＥＭ教育スクールなのです。

身につくのは、時代にフィットした能力 ――「創造力」「表現力」「活用力」を育む

どういう動きをさせたいのかを自分で構想する力は、とても大事です。

プログラミングはコンピュータを動かすための言語という手段です。この言語にはいろいろあります。人間が話す言葉が「日本語」「英語」「中国語」「ロシア語」……とあるように、プログラミング言語も「JAVA」「Ruby」「Scratch」……などたくさんあ

ります。

それぞれの言語を上手く扱わなければコンピュータを思い通りに動かすことはできませんが、このコンピュータを動かす言語の習得と、どのように動かしたいのかを構想する力は異なる能力です。書かれている言語を「読んで理解できる力」と、「伝えたいことがあって、それをわかりやすく伝える力」とは違うのです。

コンピュータを活用する力としてプログラミングスキルは重要ですが、そもそものように動かすべきかという構想力のほうがより重要です。

この構想力を鍛えるためには、何度も実践することが大切です。

仮説を立てることの大切さや、試行錯誤を重ねることの重要性を身につけていくこともできます。そもそも問題は何か？　と考える力も同様です。

ステモンでは、最初は何をつくればよいか考えられなかった子も、2～3か月経つとどんどん手が動くようになっていきます。やってみたら結果的にできたという成功体験を何回か積み重ねていくと、自然に手が動いて自分で取り組めるようになっていくのです。同時に、こんなものをつくったらよいのではないか、というアイデアも湧いてきます。この適応力が子どものすごいところです。

そしてステモンの場合は、ひとりひとり違うものができ上がりますから、その状況を体験していくうちに、「人と違っていいんだ」「人と違うことに何の問題もないのだ」という価値観を形成していきます。

こうした経験は、国際理解の感覚やグローバルな視点を習得することにもつながるはずです。子どもに、「ほかの文化や価値観を理解することはとても重要なんだよ」といくら言い聞かせたとしても、なかなか伝わらないでしょう。

まずは身近な〝友だち〟というコミュニティのなかで、「違っていい」「違うことはおかしなことではない」という認識を周りに対しても自分に対しても持つことから始まるのです。違っていることを、善悪や優劣と結びつけない感覚です。

ほかの人の思考や表現に意見を言うことはあっても、人格を否定する発想を持ってはいけないのです。

投石機をつくる場合には、遠くに飛ばすために理にかなったやり方があるわけですが、そのための答えも、やはりひとつではありません。大切なのは、「遠くに飛ばす」

という結果が同じでも、その手法は違っていいということです。そうした場面は、現実社会では多々出現するからです。いつだって、代替できる方法は必要になります。

こうして「つくることで学ぶ」際には、おのずと創造する力、表現する力、活用する力の3つが身についていくのです。

日常のすべてで「思考力トレーニング」ができる子に

ステモンに通い始めて、まず子どもたちの何が変わるかというと、「知識」です。とくに物理領域の知識が増えます。講師に教えてもらうだけでなく、実際につくって仕組みを体験するので理解が深いのです。物理の知識が増えると、日常の場面でも気づいたり発見したり、あれこれ考えたりするようになります。

たとえば、ロボットの制作にはセンサーとモーターの制御が必要ですが、センサーやモーターが身の回りのいたるところに活用されていることに気づきます。自動ドアもそうですし、洗面台で手をかざすと水が出てくるトイレの装置などもそうです。

子どもたちは自然と、身の回りにあるさまざまな技術や工夫に目が向くようになっていきます。

人がいないときは止まっているエスカレーターがありますが、センサーが人を感知すると動き始めます。センサーとモーターを制御するプログラムを使い慣れている子どもは、このエスカレーターにも同じプログラムが使われているのだと気づきます。

つまり、知識や技術があらゆる場面で使われていて、人が便利に生活するのに役立っているのだということに、自然に気づけるようになっていくのです。

そして今度は、センサーにもいろいろな種類があることに興味が湧いてきます。センサーには、赤外線センサーや温度センサー、加速度センサー、超音波センサーなどがありますが、何かの技術や工夫を目にしたときに「何のセンサーだろう？」と興味が湧くのは、思考力が働いている証拠です。

仕組みがわかっていないと、「なるほど！」とか「おもしろいな！」とは思えません。何も気づかずに自動ドアを通りすぎます。しかし仕組みに気づけるようになっていると、「どういう仕組みになっているんだろう？」「何のセンサーを使っているのかな？」という具合に、つねに思考するようになります。

これこそが、思考力トレーニングです。ステモンに通っている1時間だけが学びではなく、日常のすべてが思考力トレーニングの場に変わるのです。

保護者の方々からも、「子どもが仕組みに気づくようになり、それについて嬉しそうに話すようになった」と言われることがよくあります。

ふだん何気なく通りすぎている日常が、実は工夫や技術の集積なのだとわかると、子どもたちは目に映るものすべての仕組みを知りたくなってきます。もともと子どもは好奇心の塊なのですから、当然かもしれません。

仕組みの存在を知っていると、想像や思考が始まります。ただテレビを見ているだけの子と、「テレビってなぜ映像が映るんだろう?」「電波にはなぜ情報をのせることができるんだろう?」と考えている子では、思考の量がまったく違います。

これは頭が良いから・悪いから、という違いではなく、想像するきっかけとなる知識があるかどうかが重要なのです。しかもプリント学習でやったから知っている知識ではなく、体験に基づく知識だからこそ、効果が高まるのです。

日常のすべてが思考のトレーニングになっている子と、週に1時間ほど習い事に行ったときだけ考えてやるのとでは、桁違いの差が出てきます。

そしてこれが「思考の広さや深さ」になっていくのです。

日常生活《にちじょうせいかつ》には学びがいっぱい！

ステモンで学んだことは、みのまわりにたくさんあるよ。さがしてみよう！

風力「風とパラシュート」
ベーシック レッスンno.18

てこの原理「つりざお」
ベーシック レッスンno.10

平面と立体
ベーシック レッスンno.4

力の向き「すべり台」
ベーシック レッスンno.12

赤外線センサー
プログラミング レッスンno.9

思考することは、その子にとって勉強ではなく無意識で、自然に「じゃあ、これはどうなっているんだろう？」と考えます。知識が一定の水準を超えると、まだ知らない仕組みや原理についても想像できるようになっていきます。「きっとこれはこんな仕かけになっているんじゃないか？」と知識欲がどんどん湧いてくるのです。

すると自分で調べるようになっていき、学びがどんどん進みます。そして発見した知識をこれまで知っていることと組み合わせ、情報を構造化していくのです。

このような子どもの変化を見たとき、ラーンネットの「とことん」の時間で好きなことを探究している子どもと同じだということに気づきました。

ＳＴＥＭと探究型学習は、同時に実践できるのです。

ふだん思考しない子がいくら考えようと思っても、頭のなかで深い構造化はできません。日頃から思考の構造化を自然におこなっている子は、生活のすべてがトレーニングになるわけですから、そうでない子とは能力にも差が出るでしょう。

誤解されがちなプログラミング教育
——育てたいのはプログラマーじゃない

２０２０年から公教育で始まるプログラミング教育は、将来不足すると予想されるプログラマーを養成するためのものだという誤解が少なからずあります。しかし、実際はそうではありません。

そもそも、経済界の要請で教育設計をするのはあまり望ましい状況ではありません。「ＩＴ人材が足りないからそのための人を育成する」というのではなく、豊かな社会にしていくため、みんなが幸福を得られるようになるためといった観点で、教育は本来語られるべきものです。

この先の時代に必要とされるのは、単にプログラミング言語を操ってコードを書ける人ではありません。そもそも問題は何なのかを見出し、どうすれば問題解決できるのかを構想できて、そのための手段としてコンピュータを活用できる人が求められていくのです。

社会に出たら、たとえばこんなことがあります。お医者さん向けに便利なアプリをつくったけれど、国内に約35万人いる医師たちに実際にダウンロードしてもらうにはどうしたらいいのだろうか。ケーキの新作をつくりたいけれど、どういうケーキだったら地域の人たちが喜んでくれるだろうか。農業就業者の平均年齢は76歳だが、これをどう下げていこうか、そもそも下げるのがいいのだろうか。このような問いがつぎつぎ出てきます。

答えが簡単に見つかる問題はありません。ほかの業種や外国の事例などの情報をどう活用し、判断するかを考える能力が求められます。

このようなとき、コンピュータを上手く活用する力がとても重要になります。コンピュータは情報の記憶や計算が人よりもはるかにすぐれています。確率を出したり、統計から予測することが得意です。

コンピュータを良きパートナーとして使いこなすことで、問題を打開していけるのです。プログラミング教育は、こうした問題解決能力を高める教育であるべきだと、私は考えています。

思考力を鍛えるには「体験」も大事

ここで子どもたちの読解力について、少しお話ししておきましょう。

私が2017年度の1年間、小金井市立前原小学校で5年生の理科の教師をしたときのことです。テストで気づいたことがありました。子どもたちが理科のテストでミスしやすいのは、読解力を要する問題だということです。理科の原理が理解できていないわけではなく、設問の意味が読解できていないのです。

たとえば文章問題の問いが2段階ある場合があります。ひとつめの問いは解けても、2つめの「次にこんな条件の場合はどうか？」という問いになると、とたんにわからなくなるようでした。つまり読解力に問題があるということです。

平成30年度全国学力・学習状況調査（6年生理科）

平成30年4月17日に全国一斉実施

流れる水のはたらきにより、川が曲がっているところの外側では地面がけずられて、内側では流れてきた土や石を積もらせるからだと思うよ。

(1) かつやさんの予想にあるような、流れる水の「土や石を積もらせる」はたらきを何といいますか。そのことばを下の **1** から **3** までの中から1つ選んで、その番号を書きましょう。

1 たい積《せき》
2 運《うん》ぱん
3 しん食《しょく》

このような問題で差が出る

よし子さんは、川を流れる水の速さと地面のけずられ方について、次のように予想をしました。

川を流れる水の速さは、川の上のほうから下のほうへ流れていくほど速くなると思うから、川の上のほうでは、川が曲がっているところの外側も内側もけずられないけれど、川の下のほうでは、外側も内側もけずられると思うよ。

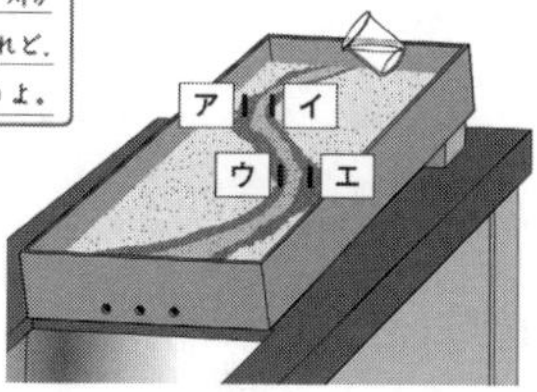

国立教育政策研究所ホームページより

知識は知っている・みんな聞けばわかる

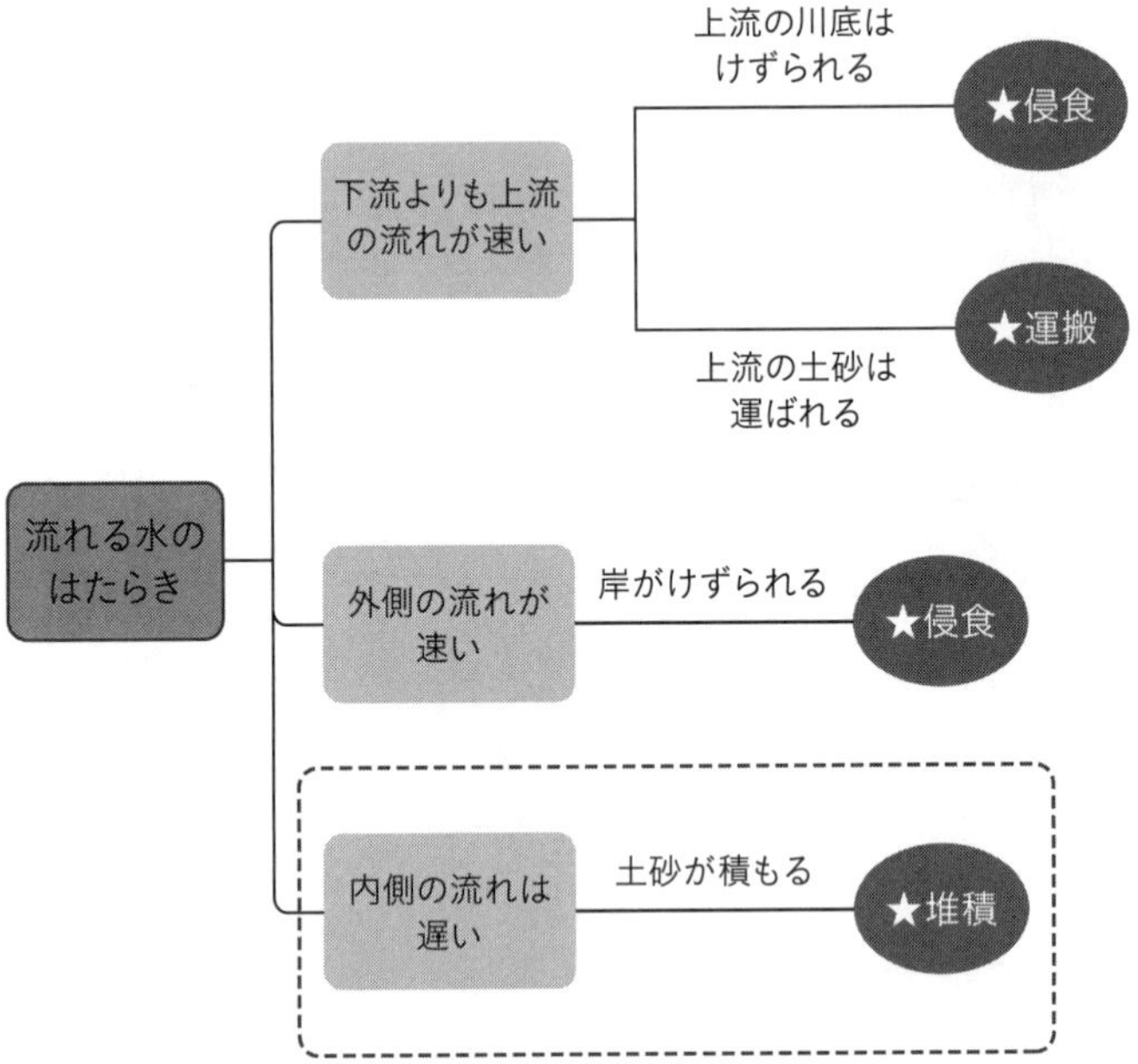

通常、1枚のテストは表裏で3分野から成り立っています。「関心・意欲・態度」「知識・技能」「思考・表現」を問うものです。45分間の授業のうち、テストは早い子だと15分ぐらいで終わってしまいます。25分もすれば9割近くは終えています。すると「まだ～」と子どもたちは言い始めるので、当初はその時点で終わりにして残りは読書時間にしていました。

しかし、このやり方を一度やめてみました。どんなに時間が余っても早く提出するのは禁止。もちろんおしゃべりも禁止です。テスト中ですから。25分もするとザワつき始めますが、その都度注意します。もう一度ゆっくり問題を読みなさいと言って、テストを続けたのです。

すると、読解が必要な問題の正答率が、あきらかに上がりました。おそらく、早くテストを終わらせたい、読むのがめんどうくさいという子が一定数いて、そういう子がじっくり読むようになったためでしょう。

子どもたちに持ってもらいたいのは、文章が長くなって新しい要素や前提条件が加わっても、きちんと理解を保ち続けられる力です。思考を深めるためには、さみだれ式に出てきた事実をただ受け取るだけでなく、構造化できなければなりません。

それぞれの事実がどのような関係性にあるかを理解して整理する――それが構造化です。ツリー図をつくったり、マインドマップをつくって理解してもよいでしょう。

では、なぜいまの子どもたちに情報を構造化する力が育ちにくいかと言えば、言語の乏しさと体験の乏しさだと感じています。

文章問題になると、見た瞬間にイヤな顔をする子がいます。「字が多いな……」「めんどうくさいな」と最初から諦めてしまっているのです。

情報構造化力を伸ばすには、豊富な言語に触れることと、たくさんの実体験があればよいのです。

言語を豊かに持つには、絵本をたくさん読んだり読み聞かせしたりするのがとても有効でしょう。子どもと図書館に本を借りに行ったり、部屋のなかで手が届くところに本がある環境も大切です。また、親だけでなく親戚や保育園の先生など、他者とのコミュニケーションを通じて言語を吸収していきます。

ここは意見が分かれるところだと思いますが、思考力を大切にするなら、幼児期は母国語に集中したほうが良いと私は考えています。

実体験は、遊びのなかで得られます。体験がともなうことで、子どもたちにとって言語はただの記号ではなくなり、映像化されるようになります。言語が豊富にあって、その言語に体験がともなって映像化される。これによって情報を構造化する力が鍛えられていきます。大人でも、ただの数字を10個ランダムに言われたら覚えることが困難なのと同じです。

しかし都市部の子どもたちには、遊びのなかで得られるこうした実体験が減ってきているのです。これが子どもたちの読解力の低下につながっていると危惧しています。そういう意味では、ステモンは人工的に実体験の場をつくっていると言うこともできます。本来は山や川を走り回って体験したほうがよいと思うのですが、さすがにそういう場をつくることは難しいのが残念です。

子どもたちはいろんな場面で思考できます。たとえば親に「夕方5時には帰ってきなさい」と言われたとします。でも、5時半まで遊んでいたらどうだろうか。6時なら怒られるかもしれないが、5時半なら許されるかもしれない……というように、誰かに指示されるのではなく、自分で考えて判断するということをたくさんやってきている子は、頭のなかでいろいろな条件を整理することにも慣れていきます。

かくれんぼ遊びをするときでも、○○くんは体が小さくて隠れるのが上手いからあのへんではないか、○○ちゃんは足が速いからこの辺りに隠れるかな、といった具合に、体験から情報を整理して論理構造を自然と頭のなかで構築します。

日常的にただ遊ぶなかでも、子どもたちは思考力を育むことができるのです。

学びのキーワードは〝フロー状態〟
――幸福感と喜びが学習の原動力に

「つくることで学ぶ」という、いわゆるコンストラクショニズムのほかにもうひとつ、ステモンの教育理論として大事にしているのがフロー理論です。

夢中になって没頭している状態を「フロー状態」と呼びますが、このフロー状態のとき、人は幸福感を得られると同時に、非常に複雑な思考が可能になると言われます。これがフロー理論です。

ステモンでは、「幸福＝フローサイクルが少しでも長く持続すること」と定義しています。

モノに恵まれているだけでなく、自分がやるべきことや、やりたいことに迷いなく取り組めていて、学習したりチャレンジしたりしながらアウトプットしたものが、誰かの役に立っているという状態です。

特定の作業に没頭しているとき、人はフロー状態に入りますが、そうした時間軸を超えて、寝ても覚めてもそのことばかりが頭にあるという状態も、フロー状態と呼べると思います。緩やかなフロー状態が、つねに続いているということです。

人生においてもそうした状態が多くなるほど、幸福を感じられる瞬間も増えるだろうと思います。

近代化した時代には、「幸せ＝経済的に成功する」ことが強調されてきました。人としての豊かさも経済が大きな比重を占めていました。しかしこれからは、心の重要性が見直されていくでしょう。

過去の歴史を見ると、経済ばかりに目がいっていた時代はさほど長くはありません。昔は共同体がはっきりしていて、貨幣をたくさん持っていなくてもそれなりに豊かに暮らすことができました。食べるものがないとか病気になったというとき、近所の人がお互い助け合って暮らすことができたのです。

しかし、都市化して核家族化したことで、コミュニティとのつながりや絆が薄れ、困ったときに助け合うのは難しくなりました。だからお金を出して食べ物を調達し、医者に行き、介護をしてもらうようになりました。お金を持つことが命を担保する要素の多くを占めるようになり、経済価値が重視されるようになりました。

けれども物質的な豊かさはもう頭打ちです。年収700万円までは年収の増加とともに幸福度が上がりますが、それ以上はいくら年収が上がっても幸福度は相関しないという研究結果もあります。収入を増やし続けても人生の「イキイキ」にはつながらなくなってきています。世の中は経済を中心に回っているので、当然、求めていく必要はありますが、人としての豊かさは、経済とは別のところに求めていく必要があります。

これからの教育は、社会で活躍して収入を得る力を育むとともに、経済とは別に幸福感を得られる人としての豊かさの2つをバランスよく育むことを重視すべきです。

文科省による学習指導要領の改訂や、大学入試システムの改革、日本全国でユニークな教育が各地で実践され始めているここ数年の現象は、この社会の流れに準じています。

これまでは学力がもっとも重要と見られてきましたが、これからの時代には、必要な6つの能力（46ページ）のひとつでしかない、という位置づけになります。「学力＝賢さ」の時代は終焉をむかえ、賢さとは何か、再定義する過渡期にいるのです。

受験勉強など学力に過度に傾倒するような学習は、社会での活躍と、人としての豊かさの2つのバランスを崩すおそれがあると危惧しています。これは、親自身に学力での成功体験があるか、逆にコンプレックスを持っている場合に起こりがちなようです。

周りの子と比べて成長が遅いことや、他人に評価されないわが子を何とかしなくてはと思ってしまう。そんな気持ちが湧いてきたら要注意です。

文科省は最近、「学力」という表現を「資質・能力」に変えました。まさにこのような社会の流れを危惧してのことでしょう。

ステモンで子どもたちを見ていて思うことですが、子どもたちは大人よりもすぐにフロー状態に入ります。没頭して夢中になるのが、他人軸の評価に慣れてしまった大人よりも格段に得意なのです。だから、「好きなようにやっていいんだよ」という場が与えられて、そこに安心感を抱ければ、各自が自由に自分のフロー状態を持続させていきます。

幸福感をもたらしてくれるフロー状態を奪っているのが、ともすれば親や先生である場合もあるということです。

夢中になって没頭するこのフロー感覚は、子どもの学びの原動力になります。何しろ楽しくて仕方がないわけですから、どんどん学ぶのです。

これからの時代を「イキイキと幸福感を感じながら生き続ける」ためには、学力は必要条件ですが、必要十分条件ではありません。子どもたちが真剣に目を輝かせながら何かに取り組んでいるときこそ、本当の賢さが育まれるのだと思っています。

学力以外にも大切なことがあるという考えを持って、子どもが夢中になれる時間をたくさんつくってあげてください。

学び合いで子どもは育つ

スタートから4年半で50教室と順調に成長してきたように見えるステモンですが、最初の2年ほどはレッスンが上手くいかないことがありました。いわゆる授業崩壊のようなことがしばしば起こっていたのです。

「自由につくってごらん」と言うと、子どもたちは本当に自由に制作してしまいます。「自由」と「気まま」を混同してしまうのです。

そこで当初は、制作の楽しさを知ってもらうために、決められたものをつくるように子どもたちに指示してみました。すると今度は毎回同じものをつくる子がいたりと、なかなか自分たちがイメージする「テクノロジーを活用したアート教室」というSTEM教育の醍醐味に発展していかず、どうすれば「自由な表現」と「学びのねらい」を両立できるか見出すまでに時間を要しました。

手ごたえを得たのは、私が2017年度に小金井市立前原小学校5年生の理科教員として1年間勤務するなかで知った、「学び合い」という手法を採用してからです。「学び合い」とは教師が教えるのではなく、子どもたち同士で教え合うスタイルの授業です。

上越教育大学の西川純先生が提唱しているメソッドで、この学び合いに前原小学校の同じ5年生の担任のおひとりが精通していて、いろいろと教えていただきました。

「学び合い」は、これまでの学校のイメージとはちょっと違います。

通常、学校の授業では教師が教える側となり、一方通行的に子どもたちに講義する手法がメインです。これを一斉講義型と言います。学び合いでは、課題は教師が設定しますが、その課題をクリアするための活動は子どもたちが自由におこなって、調べたり、相談したり、教え合ったりします。

このときに教師に求められるのは、子どもたちがしっかり活動できているかどうか、できるだけ全体を見渡す役割に徹することです。

たとえば、「台風はどのような被害をもたらすだろうか？」という課題を子どもたちに出し、そこからは子どもたちが各自で調べたり教え合ったりするのです。

教科書を見たり、図書室で調べたりして、自分たちで予想を立てたり、考えをまとめたりします。一斉講義型の授業よりも、学び合いスタイルのほうが授業は活性化します。

また、ふだんは教師から正解を教わるわけですが、教師から教わるよりも友だちから教わるほうが、不思議と子どもたちは深い理解が得られるようなのです。

大人にも当てはまるかもしれません。自分の専門外の領域について、専門家の大学教授から話を聞いても難解すぎてよくわかりませんが、友人に噛み砕いて教えてもらうとよくわかるということがあります。子どもたちも、同じ目線で自分たちの言葉で、わかる言い回しで教え合うので、理解が深まるのでしょう。

こうした学び合いの場では、子どもたちは主体的に知識を習得します。教師による一方通行の授業では、どうしても知識を受け取るだけになりがちですが、学び合いのような参加型の学習は、自分の体験となるので、からだで覚えることができるのです。そして、その生きた知識を友だちと共有する機会があれば、それはさらなる自信につながります。

この学び合いの要素を私なりに解釈してステモンに導入してから、「自由な表現」と「学びのねらい」をしっかり実現できるようになりました。そして子どもたち同士の教え合いも発生し、ステモンメソッドは大きく進化することができました。

大切にしたいのは、ゆるやかな集団で学ぶこと

集団学習というとネガティブなイメージを抱くかもしれませんが、STEM教育はひとりで学ぶのではなく、少人数の集団で学んだほうが効果的だ、というのが私の持論です。

ひとりで黙々と集中できる力は重要ですが、誰かと気づきや制作したものをシェアできると、その学びは単なる学習を超えて深い体験となります。

そのため、ステモンではひとりで学ぶのではなく、ほかの子と同じ空間で学びます。はじめの知識を得るところから始まって、制作し、実際に動かしたり、紹介したりする発表の場を仲間と共有するのです。

一度つくったものを、より良くするための改善をおこなう「改造タイム」もご紹介したい取り組みです。

テーマが「振り子」であれば、より早く動かすにはどうしたらいいか、投石機であればより遠くに石を飛ばすためにはどうしたらいいかを、みんなで考えます。

いろんなアイデアが教室内で飛び交います。おもしろいアイデアには、「みんなが聞こえるように言ってみて！」と促します。

ある子は、「振り子の棒を長くしてみたらいいんじゃない？」と言います。別の子は、「逆に短くしたほうがいいんだよ」と言います。そうして、それぞれが自分の意見を持つようになります。

考えたことをみんなに発表してもらい、意見交換をすると、子どもたちの意見が明確になっていきます。また、自分が考えたことと友だちの考えをミックスしてより良いアイデアを考えようとする子も出てきます。何も考えが浮かばなかった子も刺激を受けて、自分で考え始めます。

そして、ある程度意見が出そろったら、実際に試してみます。どの子の意見が正しかったから偉いという観点ではなく、みんなで考え出したアイデアを実際に試してみるのが大切だということを、子どもたちに伝えていくのです。

自信満々でアイデアを述べた子の意見を鵜呑みにしてそのままやってみたら、見事に失敗した……ということだって起こり得ます。でも、これも貴重な体験です。集団で学ぶからこそ、得られる経験です。

かといって、ステモンではペアで一緒につくることを強制しているわけでもありません。個別にやりたい子はひとりでつくるし、グループでつくりたい子は仲間のなかに入ってつくるというように、ゆるやかな個別化、ゆるやかなグループ学習にしています。

グループでわいわい意見交換している子たちがいる一方で、同じ空間にいながらひとりで黙々と制作に取り組んでいる子もいるのです。

ステモンには「人と違っていいんだ」というカルチャーがありますから、ひとりでつくりたい子を無理に誘うこともありません。ひとりでつくっている子も、自分だけがグループの外にいても気にならないのです。

なぜSTEM教育は受験にも強いのか?

時代の変化にしなやかに対応でき、かつ新たな価値を創造していく力が、いま求められています。

20年後の社会ではAIは同僚になり、仲間とコンピュータと一緒になって、いまでは想像もつかないモノやサービスをつくっているはずです。

旅行のあり方も大きく変わっているかもしれません。たとえば「江戸時代の大政奉還の場面に連れて行って」といえばVRが連れて行ってくれるのです。

そこでは山内容堂公が坂本竜馬の要請で書いた建白書に、複雑な心境で目を通す徳川慶喜の表情を同じ空間で見ることができる。そういう時代になるのです。そして、そういう時代をつくるのが、20年後の子どもたちです。

いま10歳の子どもが、20年後の30歳になったときにそんなサービスをつくるために、いまどんなことをすべきか？

新しい時代に通用する資質・能力をもつ人材を育成する取り組みが必要不可欠とされ、文部科学省では教育改革を打ち出しています。それが２０２０年の教育改革です。

大学受験がどのように変わっていくのか、少し触れておきたいと思います。

受験競争が激化するなか、日本では詰め込み教育と呼ばれ、知識を積み上げることに偏っているのではないかと疑問視されるようになったのはずいぶん前からのことです。

工業化・近代化を目指したこれまでの教育システムでは、世界的な社会の変化についていけなくなるという声が年々大きくなり続け、教育界は警鐘を鳴らし続けてきました。

さらに、変化していく産業界においても、グローバル社会・ＡＩ社会で活躍できる人材育成のためには教育の改革が必要不可欠であると後押ししました。

これまでのように、教育によって知識や技能を習得するのはもちろんのこと、それをベースとして自分で考え、判断する力・表現する力をつけて、理解したことをどのように使って何ができるのかという視点に変わってきました。

身につけた力を、激しく変化し発達していく社会で実際に役立たせることを新たな目標としています。子どもたちの未来への危機感は、多くの人が抱いているのです。

大学入試の大きな改革も、このような教育改革の一環としておこなわれます。これまでの大学入試センター試験は2019年度で終わり、2020年度（2021年1月実施）からは「大学入試共通テスト」という新たな入学試験形式に変わります。

センター試験と共通テストの違いは、ひと言で説明すると、マークシート形式から記述形式問題への変更とされています。

こう聞いただけで、暗記が得意で基礎学力は高いという人でも、新しい大学入試への不安が芽生えるかもしれません。記述によって解答するためには、正解を選択肢から選べるだけではなく、答えにいたるまでのしっかりとした思考力や表現力が求められるからです。

さらに、英語の試験については、これまでのリーディング・リスニングに加えて、ライティング・スピーキングの4技能を、民間の資格・検定試験を活用して測られることになります。英語においても、「読む・聞く」という反復学習で攻略できるテストだけではなく、「書く・話す」という表現する力が求められるのです。

新大学入試で求められる力とは

もう少し詳しく見ていきましょう。

新大学入試・共通テストで求められるのは、文部科学省が挙げる「学力の3要素」です。

「学力の3要素」

1 知識・技能

2 思考力・判断力・表現力

3 主体性を持って多様な人々と協働して学ぶ態度

「知識や技能」が習得されていれば、選択肢から解答を選び出すことは可能でした。そのため、練習問題をこなして頭に詰め込めば、これまでのマークシート形式のセンター試験を突破することができました。

しかし、記述問題に解答するためには、自分の力で考えをまとめたり、相手が理解できるよう根拠に基づいた論述をしたりという能力が必要です。そのためには、「思考力・判断力・表現力」が求められ、それを身につけるためには、やはり基礎能力として「主体性を持って多様な人々と協働して学ぶ力」が不可欠となります。

現在、大学入試受験者の約8割が受験するセンター試験に代わる共通テストには、これまでの入試対策とは異なる角度でのぞんでいかなければならないのです。

すなわち、大学入試を控えた時期から始めるいわゆる受験勉強だけでは通用しなくなっていくのは明白と言えるでしょう。日頃から広くて深い思考力を鍛えることと、自分なりに表現する力が重要になります。

学習塾の経営者のなかには「一発逆転がなくなって、つまらなくなる」という人もいますし、対策ができないという声も聞きます。特定の大学の問題傾向を分析し、そこに合わせた正解の導き方をトレーニングしていくという、これまでの手法が通用しなくなるかもしれないという懸念からでしょう。

しかし、子どもたちの将来を考えればとても有意義な改革だと言えます。「傾向と対策」に見られる局所的な勉強だけではなく、より本質的な力を育むことに目が向くようになるからです。

幼少期からものの仕組みを学び、自分でつくることで表現をするＳＴＥＭ教育は、この「広くて深い思考」と「自分なりに表現をする力」を育むことに適しているのは前述のとおりです。

加えて、推薦入試やＡＯ入試で重視されてきた調査書（内申書）が、これからは一般入試でも積極的に活用される傾向が強まるといわれています。米国の大学受験のように学習以外の諸活動も重視されるため、勉強以外の多様な経験をし、そこで何を学んだかも問われることになります。

また、大学独自のテストや面接による試験で評価するＡＯ入試・推薦入試においても、基礎学力を問うのはもちろんのこと、教科以外の分野でも深い知見を問われます。自分なりに理解していて、それを人にも理解できるように伝える能力が必要ということです。難関大学や国公立大学でもＡＯ入試や推薦入試の導入が増加します。

このような力は、短期間の受験対策で間に合うものではありません。長い期間かけてとことん探究し、その過程で起こった問題に向き合い、自分なりに考え、判断し、行動したことの積み重ねが必要なのです。

逆にそれがあれば、何も困ることはなくなるでしょう。自分の活動を振り返って人に伝えることができる準備さえしておけば、それは文字にしても口頭でも、しっかり相手（試験官）に伝わるものです。

たとえば10歳で夢中になれる領域を見つけ、何度も壁にぶつかりながら粘り強く乗り越え、少しずつでも上達し続けることができれば、17歳になるころにはものすごい領域に達していることでしょう。そのときには苦労することなく立派な調査書を書き上げるネタがそろっているのです。

その領域はどんなものでも良いのです。子どもが何に興味を持つかはそれぞれで、昆虫、ピアノ、テニス、ロボット大会などさまざまでしょう。夢中になれる領域を見つけることが大切です。

そんななかでもSTEMに夢中になることができたら、AI社会で大切なテクノロジー活用力や理数にも強くなるため、一石三鳥というわけです。

20年後はみんなが小さな起業家になる

これからの日本社会において、自動車や家電のように特定の産業で国が繁栄することは難しいでしょう。代わりに、既存の産業のなかからニッチだけれど価値あるモノやサービスがたくさん生まれて豊かになっていく社会になると予想されます。

一部のリーダーたちは、iPhoneのように世界をガラっと変える革命を起こすのでしょうが、多くの人にとっては、地域や社会に根差して、そのなかで価値あるものを生み出していくのが理想だと思っています。

たとえば街のケーキ屋さんとして、いままでにないユニークなケーキをつくって喜ばれたり、一部の人にとっては大変貴重なメガネを開発したりといった具合です。

ひとりひとりが小さな起業家になるのです。もちろん会社を興して社長になる必要はありません。組織やチーム、地域のなかで、仲間と新しい価値あるモノやサービスをつくっていくのです。

あらかじめ正解が見えていなくても、とにかく手や足を動かしてみて、行動・実践を通じて学び、新しいゴールを発見していく。こうした態度、アプローチを起業家教育の分野で「エフェクチュエーション」といいますが、このエフェクチュエーションこそ、20年後の社会を豊かに暮らすには、起業家のみならず多くの人が持ち合わせているべき素養ではないかと思うのです。

はじめはゴールが見えていなくても、信じた方向に一歩踏み出して開拓していく。途中で多様な仲間とコラボレーションすることで壁を乗り越え、はじめは想定していなかった景色を見ることができる。そこは自分ひとりの力では決して到達できない場所で、そこで仲間とともにつくることの重要性を認識する。

これこそが、いまの子どもたちが大人になるころの社会の姿と言えるでしょう。

第4章

学校教育でできること、できないこと

——変わる社会と、変われない学校のジレンマ

自分の「これだ！」を探す試み
——スイッチスクールの事例　その1

大手とベンチャー企業で合計12年間の勤務をしたあと、小学生向け教育事業を創業した私は、「学校や塾では学ぶことが難しいけれども大切な力」を育むことができる場をつくっていきたいと考えました。

私たちの会社ヴィリングでは、ステモンのほかに「スイッチスクール」という民間学童保育と、「ＢＯＫＥＮ（ぼうけん）」という探究型学習にも取り組んでいます。理数ＩＴに偏るのではなく、多様な知識・教養を育むべきだと考えているためです。

スイッチスクールは「安全・リラックス・夢中」をテーマに、有意義な放課後を過ごすことができる次世代型の民間学童保育として展開しています。コンセプトはステモンと同じです。

会社の基本方針が「社会とともに、イキイキと生き続けるための力を引き出す」こととお話ししましたが、そのために子どもたちが10歳になるまでに、夢中になれるものを見つけてほしいと思っています。

そこで考え出したのが、「スイッチアカデミー」です。これは学童保育の一部の時間を使い、学校の教科では扱うことのできない分野を体験するプログラムです。

スイッチアカデミーは月に12回で、1回40分間の活動です。

扱うテーマはさまざまですが、たとえばAIをはじめ、栄養学や脳科学、アートなどを扱います。本来、学校教育は時代に合わせて教科を再編するべきだと思っています。しかし国語・算数・理科・社会をはじめとする教科を再編することは、現実的には容易ではないでしょう。

時代に合った領域を体験してほしいというねらいもあって、スイッチアカデミ

ーでは8つのカテゴリーを設定しています。STEM、ネイティブイングリッシュ、アート、哲学、歴史、食育、カルチャー、スポーツの8つです。英語を学んだり、ステモンのようにテコなどの物理について学んだり、百人一首大会をやったり、ハロウィンについて学んだりもします。

学校にはない教科を提案し知ってもらうことで、子どもたちにもっと興味の幅を広げてもらい、夢中になれるものを発見してもらうのが目的です。

ここで囲碁を知り、大好きになって囲碁クラブに通い始めた子もいます。おとなしい男の子がスポーツスタッキングを大好きになり、毎日練習するようになって全国大会でみごと入賞しています。

ここまででもお話ししてきましたが、夢中になれる分野を持っているということが、学びの場面でも人生においても心を安定させます。フロー状態になれるような没頭できるものを持っている子は、練習を続けるのでぐんぐん上達します。そして得意になることで、それが自己肯定感を育み、自分に自信を持ってイキイキと生きることにつながるのです。

大切なのはきっかけです。いろいろなものに触れることで、「こんな世界があるのか」「これ、おもしろそうだな」と気づくこと。そこからすべてが始まります。

親がそうしたきっかけをたくさん用意できればベストなのかもしれませんが、個々人ではなかなかやりきれないのが現実です。かく言う私も、自分の娘たちに対しては

スポーツスタッキング Japan Cup 2016。
3−3−3部門、3−6−3部門、サイクル部門の各部門で表彰台に立つスイッチスクールの子どもたち。

限界があるなと感じています。だからこそ、スイッチスクールの存在意義があります。学校では取り上げられないさまざまな分野の存在を知って、そのなかから自分の「これだ！」を見つけていってほしいと思います。

そして、できれば10歳までに見つけてほしい。なぜなら、10歳という年齢が、大人への入り口にあたる過渡期だからです。私の場合はサッカーでしたが、ピアノでもダンスでも、恐竜でも昆虫でもいいので、時間を忘れて没頭できる分野を見つけてほしいと思っています。

実際、スイッチスクールで学んだことをきっかけに、将来の展望が開けた子はたくさんいます。スイッチスクールでエジプト文明について学んだ女の子は、「将来は考古学者になる」と言っています。ケン玉やビー玉を使った昔遊びをしてみたり、カビについて学んだり、サイダーをつくって飲んでみたり、自分の名刺をつくったりもします。

私が子どもたちに抱く将来像は、魚については誰よりも詳しいさかなクンや、NHKで昆虫番組に出演している香川照之さんのように活躍する姿とでも言ったらよいでしょうか。

12月 スイッチアカデミー

スイッチアカデミーは16:30〜開校
冬休み期間は、11時〜

※全て無料

1	金	
4	月	
5	火	Learning 光の正体を見破ろう！
6	水	
7	木	English Native English day
8	金	Edible Education 食育〜寒い季節の旬な食材を学んで食べよう〜
11	月	Art×STEM 特別プログラム
12	火	Craft クリスマスの飾りを作ろう
13	水	Recreation 公園で反対信号遊びをしよう
14	木	Craft オリジナルカレンダーをつくっちゃおう
15	金	Mind 自分の心を知ろう
18	月	English Native English day
19	火	Art お絵描き教室③ 〜飛び出すクリスマスカードを作ろう〜
20	水	Human お友だちをほめてみよう
21	木	Challenge 年賀状作りをしよう
22	金	Recreation みんな集まれ！レクリエーションだよ☆
25	月	
26	火	
27	水	Challenge 君は止血ができるか?!〜救急法レクチャー〜

12日（火）

クリスマスの飾りを作ろう

12月は待ちに待ったクリスマスです。12日はクリスマスに向けて飾りを作ります。たくさん飾りを作ってスクールを華やかに彩ります。

19（火）

お絵かき教室③

飛び出すクリスマスカードを作ろう

クリスマスに向けての準備第2弾としてクリスマスカードを作成します。飛び出す仕掛けを入れたオリジナルのクリスマスカードにします。

22（金）

みんな集まれ！

レクリエーションだよ☆

いっきに冬になり、寒くなりましたが、22日は外で遊びます！公園に出かけて元気いっぱいに遊びます。さまざまな遊びを通して、お友達との親睦を深めましょう。

探究するアフタースクール「スイッチスクール」の "学びの時間"

香川さんは俳優としてももちろん名高いですが、そのイメージを超えて昆虫が大好きなのだということが伝わってきます。あれほど昆虫好きを表に出すと役者の仕事に支障が出るのではと心配するほどですが、香川さんは自分の興味にイキイキ取り組んでいて、フロー状態のど真ん中にいるという印象です。

もしあなたが、「魚について勉強をして、人々に魚の魅力を伝えてください」という仕事を依頼されたとして、さかなクンよりも良い成果を出せる自信はありますか？　好きで夢中になってやっている人にはかなわないな、と感じるのではないでしょうか。そこに学歴は関係ないと気づくはずです。

夢中になれる領域にたどり着いた子どもは、学習とチャレンジをものすごいスピード感でこなしていきます。しかも、それほど苦労を感じずに。

この状態に入ったときの成長曲線はめざましく、グングン伸びていきます。その先に、これまで世の中になかった新しいものの創造や表現があるのです。それは社会の誰かにとってきっと価値あるもので、その対価として報酬を得ることもできるでしょう。

これからの時代は、常識や世間体とは無縁に、自分が夢中になれることを探究できる人が、活躍できる時代なのだと思います。

自分で決めて自由に過ごす
——スイッチスクールの事例　その2

「スイッチアカデミー」が開催されるのは月に12回の40分間だけです。では、あとの時間はどう過ごしているのかと言えば、まったくの自由です。

基本ルールを守れば、あとは何をしてもOKというのがスイッチスクールのスタイル。その基本ルールとは、「自分と仲間と物を大切にする」というただ1点だけです。

子どもたちは忙しい日々を送っています。前回の学習指導要領の改訂で、いわゆる「ゆとり教育」が見直され、教科書が分厚くなって教わる内容が増え、それにともなって授業時間数も増えました。いまでは、低学年のうちから6時間目の授業が何日かある学校がほとんどです。加えて、週に3つ以上習い事に通う子も見受けられます。

子どもたちの目の前には、つねにやることが用意されているのです。これでは息が詰まる子どもも出てきます。

たとえば、スイッチスクールに通ってくる子のなかに、学校で出される宿題のほかに塾や家庭からの宿題もあり、親が迎えにくる時間になると、「終わっていない」と泣き始める子がいました。

その状態が続き、ついにはかんしゃくを起こして、ノートやドリルなどを壁に投げつけ、「こんなのがやりたくて私立に行ったんじゃない！」と泣きながら小学1年生が言うのです。

この場合は、スイッチスクールでの様子を親御さんに話したうえで、宿題の量を調整し、しばらく子どもに余裕がある状態をつくっていくことを理解していただきました。


学校や習い事では、すでにやることが用意されていますが、本来、子どもは自分で決めたいはずですし、「何をするかは自分で決める」ことが自立した大人になるために重要です。ですから、スイッチスクールではいろんなプログラムを詰め込むことはしません。一般的には「いろんなことをさせてくれるスクール」のほうが良い印象を持たれるかもしれませんが、自立のためには何をするか決まっていない時間も大切なのです。

時間的なゆとりは、情緒の安定にもつながります。

たとえば、いつも荒れ気味の子も、夏休みに入って1週間ほど経つと穏やかに過ごすようになります。学校や習い事、宿題など、やることがいっぱいで息詰まっていた子たちも、朝からスイッチスクールに来て時間的なゆとりを得る夏休みは、ゆっくり呼吸できるようになるのです。自由に自分の好きなことができるのも、癒やしになるのでしょう。子どもたちにとって、生活リズムが速くなりすぎないよう注意したいものです。

こうした時間的な余裕が大切な理由は、もうひとつあります。

やることが決まっていない時間で、子どもたちは振り返ったり内省したりできるからです。こうして自分と向き合う時間も、子ども時代には大切なひとときです。

私自身、起業家になってから思うのは、走りながら学ぶための初動力や試行錯誤が大事なのと同時に、振り返ったり、内省したり、ときには自己否定することも非常に重要だということです。

「いったんはこれが最善と思ったけれど、いまでもそうか」という具合に、自分自身や自分の行為を見つめ直すのです。小さな会社ですがトップになると誰かに否定されることも減りますから、外部の専門家に内省を促してもらい、自分で自分を振り返る機会をつくっています。

たとえば、「なぜあのとき自分は怒りの感情が出たのか」「なぜ同じ教育業界の経営者がやっているサービスを、自分はやりたくないと思うのか」などを振り返るのです。

これらの行動には自分の原体験から形成された価値観や、自分なりの合理的な理由があるのでしょう。実は自分では気づけていないことが多く、それが自分らしさでもあり、一方で自分の経営の足かせになっていることもあるのです。

お恥ずかしい事例ですが、私は駅のホームで電車が発車しそうになっているのを見ると、どんなに急いでいるときも、急いで乗ることはできませんでした。そこには、危険だからというよりもむしろ、「急いで乗ろうとしたけれど、もし目の前でドアが閉まって乗れなかったら恥ずかしい」という感情があったのです。

みなさんお察しのように、周囲は私のことなど気にしていないのですが、「自分にそんな感情が湧くのはなぜなのかな?」と振り返るのです。おそらく、「かっこわるいところは見られたくない」といった見栄っ張りな感情が湧いていたりするのだろうと、内省することで自覚できるようになります。

親からすると、何かをやらせることで成長すると考えがちですが、ボーッとしているように見えても、子どもは思考を働かせています。「あのとき友だちがあんなことを言っていたな」「昨日お母さんが言っていたのはこういうことかな」という具合に、内省することで思考をめぐらせているのです。

このような、一見何もしていないような自由でゆったりとした時間こそが、子どもの人格形成に影響したり、大人になっても冷静に自分を振り返ることのできる習慣につながるのです。お子さんがボーっとしているときも、そっとしておいてあげてください。

これからの学びのキーワード「探究」

探究型学習スクールＢＯＫＥＮは、２０１３年7月にスタートしました。当初はまったく反響がなく一度は挫折した事業ですが、ねばり強く続けてきました。最近では「ＢＯＫＥＮみたいなものをやらせたかった！」という保護者が出てきて徐々に生徒が増えています。

きっかけは第3章でもご紹介した、神戸にあるラーンネット・グローバルスクールを見学させていただいた際に、子どもたちがのびのびと探究する姿を見て「これだ！」と衝撃を受けたことです。

当時は受験のことは意識せず始めたのですが、世の中の流れとしても探究的に学ぶことが重要視され始めました。とくに高校の新学習指導要領では、「探究」という用語がたくさん出てきます。科目も「理数探究」や「古典探究」「総合的な探究の時間」などに改称されるものがあります。

これは非常に良い改革だと思っています。これまでの高校の学習は大学受験のための勉強が中心で、教養を深めるには味気ないものばかりでした。それが「探究的に学ぶ」活動が増えることになるのです。この背景には「高大接続」という改革もあるのでしょう。高校教育と大学教育を変え、それをつなぐ大学入試も変えていく。三位一体の改革です。

探究型学習スクールBOKENの意図は文字どおり「冒険をしよう!」です。自分の人生を自分で切り開く人になってほしいという思いで、〝21世紀型の開拓者〟を育むことを目指しています。

小学生が4つのテーマに沿って正解のないプロジェクトに取り組みます。

4つのテーマは、次の図にまとめられます。

BOKENが探究する4つのテーマ

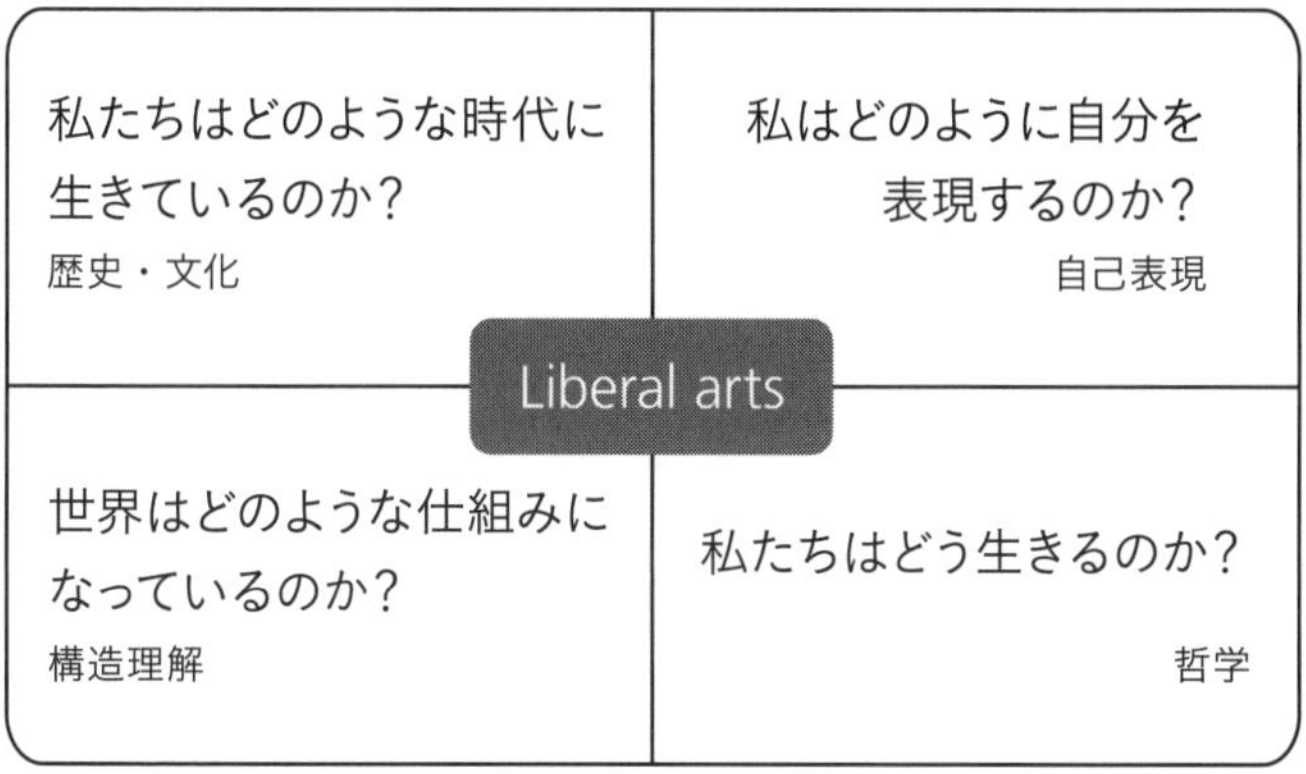

探究型学習BOKENとは

与えられた課題に対し、情報収集・整理、考察、プレゼンテーションを自ら主体的に行うことで、思考力や表現力を育む学習方法。

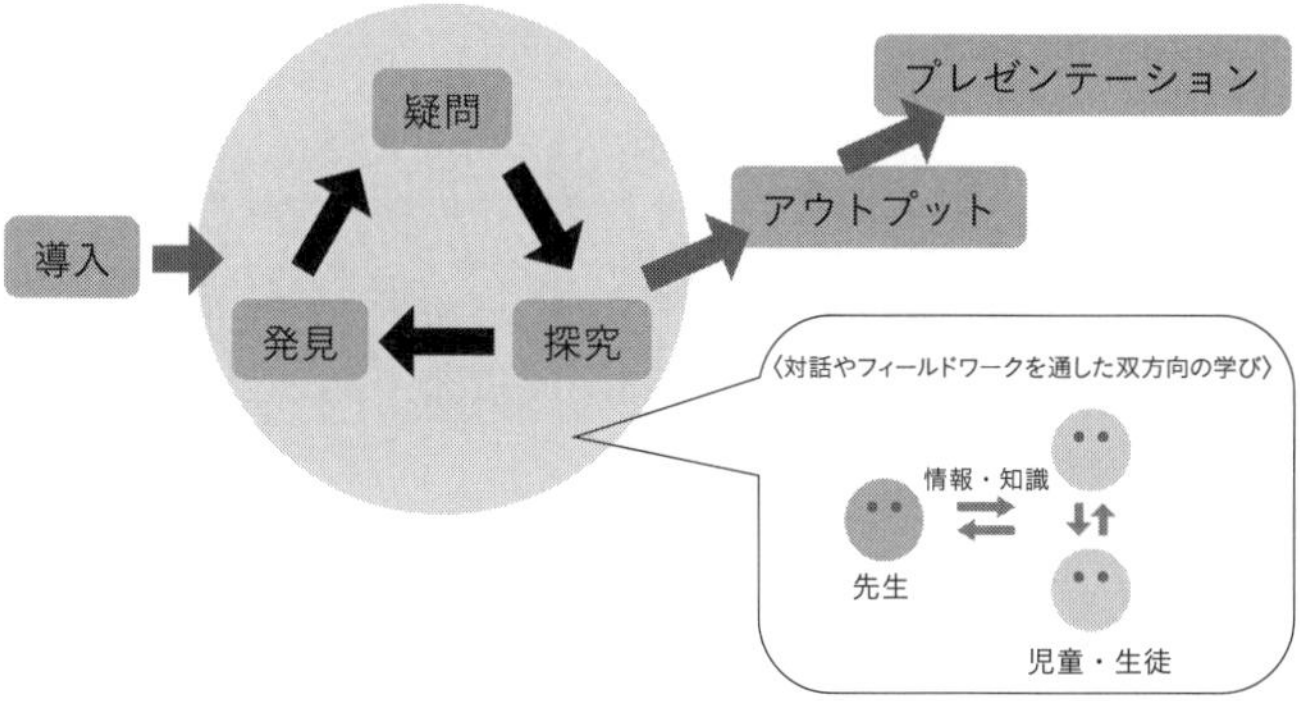

（1）自ら問題を見つけ、（2）夢中になってトコトン探究し、（3）新しい発見を楽しみ、（4）表現をカタチにする、ということを主眼としています。ステモンやスイッチアカデミーとコンセプトは同じですが、より体験型の学びの機会を提供するのがBOKENです。

毎月テーマを決めて探究型の学習をしていきます。

たとえば、「オリンピック」というテーマ設定をしたら、1か月のあいだ、調べ学習をしていきます。あらかじめアウトプットの方法を決めておくのですが、このテーマの際には、「オリンピックの歴史を通じて、いまぼくたちはどういう時代を生きているのかを発表する」と設定しました。

観戦の仕方をはじめ、4年に1回なのはなぜなのか。どんな歴史があるか。最初はギリシャ人しかやっていなかったのになぜ世界に広がったのか。戦争で開催できないことがあった。いま世界中から集まれるのは飛行機があるからだ、などという具合に、オールジャンルで学びを深めていきます。

1週目は、こちらで用意した資料を使って情報を伝える講義をおこないます。2、3回目で調べ学習をして、4回目に発表します。1週目が外発的動機によるインプット、

2、3週目で内発的動機によるインプットと分析、判断をおこない、4週目でアウトプットをするということです。

こうした一連の過程のなかで、「里山保全活動」をしたりキャンプに行ったりもします。また、流通業界の仕組みを学んでスゴロクにしたり、レゴブロックを使った物語を制作して動画にまとめる、といったこともやります。

そして、BOKENの最大の目玉は、豪雪地域での生活体験会です。毎年1月に新潟県十日町の豪雪地域で1泊2日を過ごし、集落の人たちと交流します。11世帯しか住んでいない限界集落で、見渡す限り雪の地域で冬はどうやって生活するのか、暮らしの知恵が実際にどんなところに活かされているかを学ぶのです。

いわゆるレジャーらしいイベントは何もせず、日々のことを楽しみながら豊かに暮らす様子を見てもらい、子どもたちも実際に体験します。

最初、子どもたちは「雪国の生活は大変なんだろうな」という先入観を持って行くのですが、大変だけれど楽しかったり、嬉しかったり、単純に「大変」では括れないんだということを、からだで学んで帰ってきます。「いつお金を使うの？」「何をして遊ぶの？」という子どもたちの純粋な問いに、いつも穏やかな笑顔で答えてくれる集落の方たちから、豊かさとは何かを感じ取っているのではないでしょうか。

「新学習指導要領」はこれまでとココが違う

２０２０年をきっかけに、いよいよ日本の教育が変わり始める気配が出てきました。経済産業省は「未来の教室」とEdTech研究会という活動のもと、次世代のあるべき教育を提言しています。総務省は地域ＩＣＴクラブを全国に広める構想を進め始めました。文科省以外の省庁が同時にここまで教育改革に取り組むことは、過去にはありませんでした。

個人レベルでも、全国各地でいろいろな人が、子どもたちのためにユニークな学びの機会をたくさんつくっています。玉石混交と言う人もいますが、社会の宝である子どもたちを大切にしたいという強い思いが全国にあふれていることの表れでしょう。

そんななか、やはり教育改革の本丸は文科省です。２０２０年から大きな教育改革が予定されています。これは２０１７年度におこなわれた学習指導要領の改訂の決定にともなって実施されるものです。

小学校は2020年度、中学校は2021年度、高校は2022年度から、新指導要領が実施される予定です。

学習指導要領はおおむね10年に一度、改訂が行われます。次の改訂が2020年なのです。今回の改訂は、「ゆとり教育」「週5日制」「絶対評価」が始まった2002年の改訂よりも大きな改革になりそうです。

2020年から実施される新しい学習指導要領で、とくに話題になっているのはプログラミング教育でしょう。中央教育審議会の議論をさかのぼると、数年前はほぼ議題にあがっていなかったプログラミング教育ですが、時代の情報化に合わせて急ピッチで議論が進み、「2020年から公立小学校でプログラミング教育を必修化」というところまでこぎつけたことがわかります。このタイミングを逃すと次は10年後です。

諮問会議の議事録などを見ると突貫で決まった印象を受けますし、プログラミングは教科にはならずに既存の教科（国語や算数、理科、社会、音楽など）のなかで一部をプログラミングで学ぶ、という方針に現場は混乱していますが、それでも「必修化した」という事実は素晴らしい成果だと思っています。

ただ、小学校でのプログラミング教育の必修化は、現場ではまだまだ現実味に乏し

2020年度改訂のポイント

新しい教科が加わる

●英語
・3、4年生　35時間
・5、6年生　70時間

●道徳
・検定教科書と評価
・読む道徳→考え、議論する道徳

●プログラミング
・既存の教科に組み込む

いのも事実です。私は現在、東京都教育委員会と大阪市教育委員会から委託を受け、学校の先生がたと一緒にプログラミング教育のあり方を模索していますが、一筋縄ではいかないことばかりです。

お会いした先生のなかには「新聞で知りました」という方や「知らなかった」という方もいらっしゃいます。

これは無理もないと思っています。小学校ではプログラミングのほかに、小学校5、6年生の英語が35時間から70時間に増え、道徳が教科化されます。「教科化」とは、評価の対象となる科目に繰り上がったことを意味します。これまで道徳のテストというのはありませんでしたが、今後はテストに準じるような活動を通じて定性的な評価がおこなわれるということです。
ＡＢＣといった評価ではなく、子どもたちの成長をよく観察し、それをひとりずつ定性的な文章で評価するというのは、先生たちにとって大変な労力がかかることになります。

〝プログラミング教育必修化〟よりもっと革新的な３つの改訂

こうした具体的な教科の改訂に注目しがちですが、実はもっと革新的な３つの変更が今回の新学習指導要領には盛り込まれています。これは戦後の改訂のなかでもっともインパクトのあるものだと思っています。

大きな変更点のひとつめは「評価項目が４つから３つに変わる」ということです。

現在、学校における子どもたちの評価項目は次の４つです。

「知識・理解」
「技能」

「思考・判断・表現」
「関心・意欲・態度」

小学校のお子さんがいるご家庭では見覚えのある項目かと思いますが、現行ではこの4つの項目で学習状況の評価がおこなわれています。

これが、新学習指導要領では、次の3つになる予定です。

「知識及び技能」
「思考力・判断力・表現力等」
「主体的に学習に取り組む態度」

現状との変更をわかりやすく図式化すると、図のようになります。

大きな違いは、「知識・理解」と「技能」が「知識及び技能」というひとつの項目に集約される点です。

この改訂は、「思考力・判断力・表現力」と「主体的に学ぶ態度」の重要性はもちろ

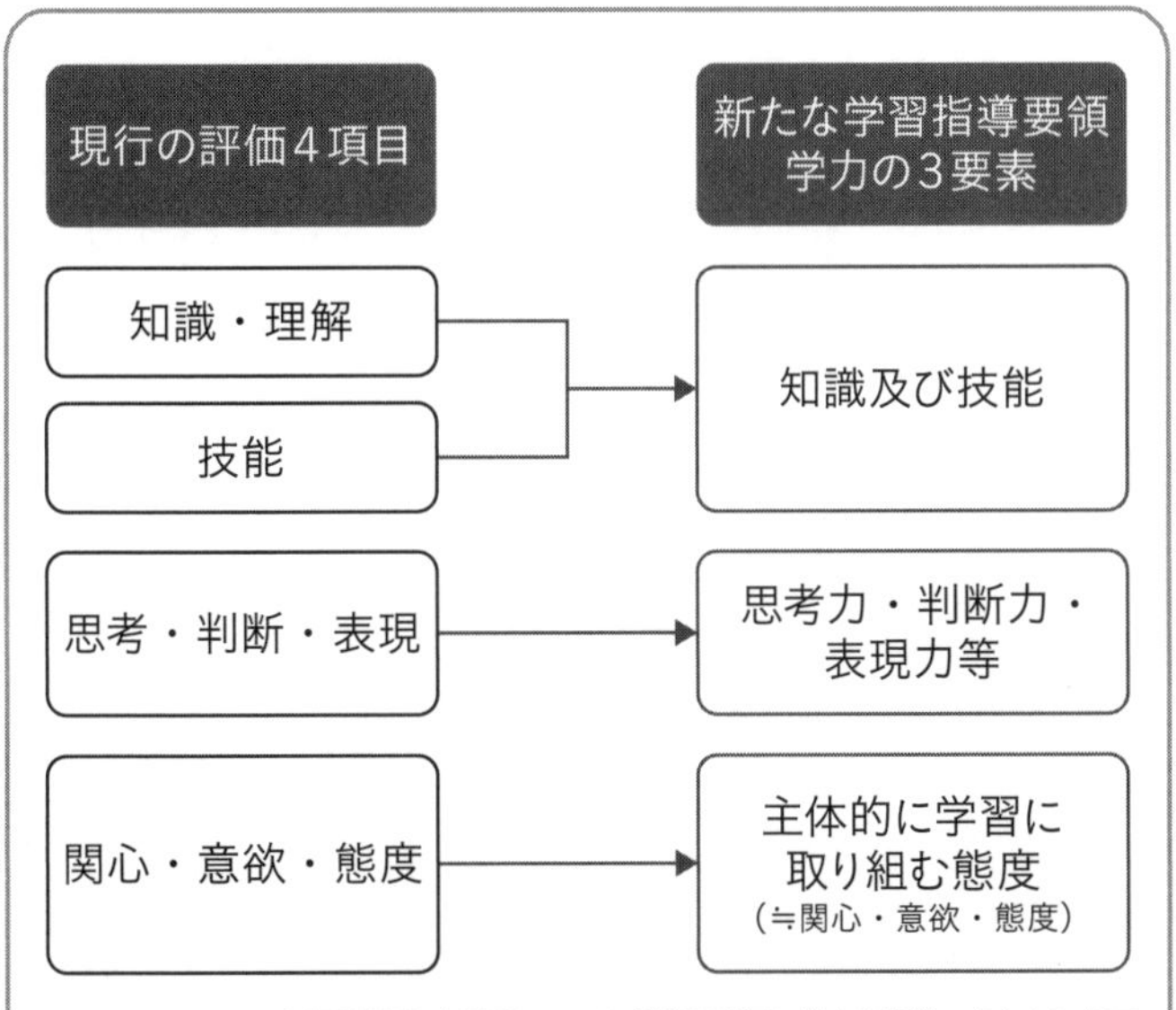

文部科学省が公開している「学習評価に関する資料」をもとに加工

んですが、「知識があるだけにとどまらず、その知識を活用して創造や表現をすることの重要性」と、「生涯にわたって主体的かつ探究的に学び続けることの重要性」を示しています。

　これまでの学校の成績表や受験システムなどの評価基準も、この2つの力がしっかりと育まれているのかを評価をする方向に変わっていくはずです。

　少々込み入った言い回しになっているのでわかりにくいかもしれませんが、シンプルに表現するとこういうことだと思います。

「〝インプット〟だけでなく、〝インプットをアプトプットにつなげる〟力が大切」ということです。こうした、時代に沿った意図を感じられる今回の改訂は、とても良いと思っています。

情報化やグローバル化が日々進展し、いま学校で学ぶ子どもたちが就業するころには、どんな世の中になっているか、誰にも予測ができません。しかしだからこそ、予測不能の変化にも主体的に向き合い、自分の力で人生を切り開いていける力を身につけることを主眼としています。

知識をたくさん持っているだけでは、なかなか活躍することができない社会になってきたのは明らかです。また、コンピュータの情報量にも到底かなわなくなります。

情報処理と記憶（メモリー）ではコンピュータには勝てないのです。そこにAIが台頭することで、「論理」「確率」「統計」で思考できることもコンピュータにまかせたほうがよい時代になっていくでしょう。内科医の先生が複数の症状を聴いて診断することや、弁護士が判例をもとに考察するだけなら、AIのほうが優秀になっていくのです。

とはいえ、コンピュータは複数の情報を関連づけて新しい概念を生み出すことが苦手です。たとえば「棒」と「棒」を組み合わせたら「箸」として便利に使えるようになるということを、コンピュータが独自に生み出すのは難しいでしょう。

こうした発想や構想力に、人の強みがあります。

知識を得ることは、いつの時代にも大切です。ただ今後は、その知識を組み合わせたり構築し直したりして新しい概念を創造する力、テクノロジーを活用して実現する力が、欠かせない能力になっていくのです。

学習指導要領が踏み込む「教師たちの聖域」

もうひとつ、今回の改訂がこれまでと違うのは、今まで学習指導要領が踏み込んだことのなかった領域――「教師たちの聖域」に触れている点です。

それは「学び方」です。

戦後6回の改訂がおこなわれてきましたが、そこで規定していたのは、「何を学ぶか」と「何時間学ぶか」の2つでした。

「何を学ぶか」を規定することで全国津々浦々で同じ勉強ができ、世界でもトップレベルの教育水準を実現してきました。また、「何時間学ぶか」を規定することで、公教育としての公平性を保ってきました。しかし、「どのように学ぶか」については、これまでほぼ触れられてきませんでした。

学習指導要領をどう解釈し、どのように教えるかは教師たちの工夫に任されていて、ここが教師たちの腕の見せどころでもありました。教師は教科ごとに定期的な部会や研究会をおこなって、それぞれが実践した授業案を持ち寄って事例を共有し、その研究と実践が代々引き継がれてきたのです。

こうした教師たちの真摯な積み重ねが、日本の教科教育を世界トップレベルへと押し上げたと言えるでしょう。日本の先生たちの算数や理科の指導方法は、非常に高いレベルにあります。

では、新しい学習指導要領が「学び方」についてどのような方針を示しているのかというと、「主体的・対話的で深い学び」と表現しています。アクティヴ・ラーニングという言い方をすることもあります。

変化の早い現代社会では、社会に出たあと学校で得た知識のみで仕事をしていくことはほぼ不可能でしょう。社会に出たあとも学び続ける必要がありますし、何度も言うようですが、社会に出たあとは誰も正解を持っていませんから、自分なりの答えを探しながら進んでいく必要があるのです。

文科省もこの時代背景に沿って、探究型の学びに方向転換しようとしています。子どもたち自身の「なぜ？」「どうして？」を大切にして探究的に学び、新しい発見をする喜びを感じることで主体的に学び続ける能力を伸ばしていく。そうした方向に、いよいよ学校教育も舵を切ったのです。2018年のノーベル医学・生理学賞を受賞した本庶佑《たすく》教授もインタビューで繰り返し、「教科書を疑え」というお話をしていました。たとえ教科書に書いてあることでも無条件に受け入れるのではなく、素朴に浮かんでくる疑問を大切にし、そこから主体的に探究する力が重要なのです。

閉ざされた学校から、開かれた公教育へ

こうした指導要領の変更点は、いずれもすばらしい方針だと思います。全文を読んでいただくとわかりますが、文科省の方々の深い知見と努力が一語一語から感じられ

るほどで、尊敬の念さえ抱きます。

しかし一方で、新たな懸念も出てきます。これらの改訂に沿った授業を、学校が実際にできるのかということです。

私は教育学部出身ですから、同級生の多くが学校の教員をしています。彼らは本当に多忙です。教科を教えることは業務の一部にすぎず、生活指導や進路指導、保護者対応、そして部活動など仕事は多岐にわたります。小金井市立前原小学校に勤務しているときも、職員室では教科教育の話よりも生活指導などの話が中心でした。外からは見えない仕事が、先生たちにはたくさんあるのです。

ただでさえ多忙ななかで、急にこれまでと違うことを取り入れなくてはならないとなっても、そう簡単にできることではありません。そもそもスキルを学ぶ必要だってあります。

たとえばプログラミングや英語を教えることは、知見がない教師には難しいでしょうし、既存の教科を「主体的・対話的に深い学び」の授業案にカスタマイズすることだって簡単ではないはずです。

おそらく、このような背景を考慮し、新たな学習指導要領にはもうひとつの大きな変更点が記されています。

それは、「社会に開かれた教育課程」という方針に基づく、民間との連携です。いままでの学習指導要領にはなかった「前文」が新設され、改訂全体の方針を示すなかでこのことは強調され言及されています。

つまり、社会の変化に合わせて最適な教育を子どもたちに提供するには、学校だけでは困難なので、民間企業やNPOなどが一部を担い、社会全体で公教育をつくっていこうということです。閉ざされた学校から脱却し、民間と連携して新しい公教育の形をつくる決意の表れだと思います。

この3つが今回の学習指導要領の本質的な改訂と言ってよいでしょう。

プログラミング教育の現状とこれから

2015年に、私たちの会社も東京都多摩市の愛和小学校でプログラミングの授業を任され、3〜6年生を15時間ずつ担当させてもらいました。実際に私が教壇に立ち、子どもたちにプログラミングの授業をしました。

日本初の取り組みとして、松田孝校長先生（現：小金井市立前原小学校校長）や担任の先生と連携して実現しました。自分で言うのもおこがましいですが、当時は私たちがいなければ実現できなかったと思います。理由は明らかで、教材の選定や授業案のつくり方、学年に応じてどのような成果を期待することが適切なのかということを、先生たちはまだご存じなかったからです。

このように、民間企業が持っている知見やリソースを公教育で活用してもらいながら、学校だけでは担いきれない学びを協働でつくっていくカルチャーが、今後どんどん重要になっていくでしょう。

ちなみに、このとき私と松田校長は、プログラミング教育の可能性を模索するために子どもたちにどんどん高度なことに挑戦してもらおう、という方針に途中で切り替えました。すると子どもたちは、ちゃんとついてくるどころか、私たちも驚くようなアイデアを表現し始め、見たこともないくらい活発な授業になっていきました。

また、条件分岐や変数など、理論をたいして教わってもいないのに、子どもたちは使っているうちにしっかり理解し始めるのです。そして、それぞれユニークな作品をつくり出し、お互いの作品をリスペクトし合うのです。

あのときの子どもたちの変貌ぶりを松田校長と一緒に目の当たりにして、「プログラミング教育は間違いなく子どもたちの新しい表現の手段になる」と感じました。

いまプログラミング教育がいろんな学校で実践され始めていますが、なかには算数ドリルの延長という活用の仕方が見られます。

たとえば「正三角形を描くプログラムにするには、角度を何度回転させたらよいか？」という問い形式のプログラミングです。外角の120度を回答させるのですが、これでは計算ドリルをやっているのと変わりません。正三角形を描くための知識が目的なら、プログラミングを活用する必要はないでしょう。

知識は簡潔に教えてしまって、残りの40分間で「正三角形を描くプログラムを活用して、オリジナルの幾何学的な模様をつくってみよう」という課題にしたほうが、子どもたちはイキイキと制作に取り組むのです。色や形、なかには音も組み合わせてつくる子が出てくるでしょう。正三角形の特徴についての理解も深まります。これこそが、プログラミング教育の醍醐味なのです。

ここまで学習指導要領の大きな変更点についてご紹介してきましたが、こうした基本方針は定められたものの、授業が具体的にどのように変わっていくかはまだ何も決まっていません。

まさにいま、全国各地の先生がたがいろんな実践をしながら模索している段階です。とくにプログラミング教育については、小学校で何をどこまでやるのか何も決まっていないと言ってよいでしょう。

このようななか、東京都教育委員会は、都内に約1300ある小学校のなかから75校をプログラミング教育推進校として指定し、2018年と2019年の2年をかけて実証実験に動き始めました。私たちステモンは教育委員会よりこの事業の支援団体に選定され、港区立白金小学校、豊島区立仰高《ぎょうこう》小学校、杉並区立和田小学校、東村山市立回田《めぐりた》小学校の先生がたと一緒に、小学校におけるプログラミング教育のあるべき姿を模索し始めたところです。

大阪市は1年早く2017年度から取り組んでいます。大阪市教育委員会からもステモンが支援団体として委託を受け、大阪市立本田《ほんでん》小学校、森之宮小学校と取り組んでいます。

この6つの小学校はプログラミング教育に対する方針も少し異なりますし、ネット

日本初の計画的なプログラミング教育授業をおこなう著者。

ワーク環境の有無やパソコン、タブレットの有無なども異なります。これでは同じ内容を実践することはできません。当面は各学校の方針と環境に合わせたプログラミング教育が実践されていくことになりそうです。

しかし先生がたは、この新しい領域の学びをどのように子どもたちに提供していくのか必死になって考え、取り組まれています。あと2年ほどで、日本におけるプログラミング教育のカタチが見えてくるのではないかと思います。

変わりたくても変われない!?
——学校教育が変われない4つの理由

ただ、実際に新学習指導要領が言う「思考力、判断力、表現力」を高める教育を学校だけで担うのは、正直なところ難しいと感じています。公教育には荷が重すぎると思うのです。

先にもお話ししましたが、まず学校は基本的な学力を教えるだけで手いっぱいです。それに、公教育が変わるには時間もかかります。

２０１７年に１年間、実際に小学校の教員として勤務する機会を得て、その理由が見えてきました。理由は主に４つあると思っています。

①学校には関係者が多すぎるため

かかわる人が多い状態というのは、革新に挑戦するときには不向きです。これまで起こってきた歴史的な変革は、ほんの数人で想起されたものを、ほんの数人が主軸となって進めて実現できたものがほとんどです。独裁は忌み嫌われることが多いですが、大きな改革を進めるには、ひとりのリーダーが強引に周りを巻き込むことで、素晴らしい変革が実現するケースも少なくありません。

関係者が多くなると、自然と抵抗勢力も増えて革新を前に進めることが困難になります。学校の場合、現場のリーダーである校長先生が強い意志を持って旗振りするのは必須ですが、それに現場の教師がついて来られないということは多々あります。現場の教師たちが一緒になって動いてくれなければ、学校教育は当然ながら変わりません。

仮にそれが叶ったとしても、教育委員会や保護者、地域の理解も得る必要があります。学校にとっての教育委員会は、企業にとっての取締役会のようなものですから、教育委員会の承認がなければ、学校は基本的に身動きがとれないのです。

また地域ならではの伝統や習慣、こだわりがあり、刷新のためにそうしたものを切り捨てなければならない場合は、地域からの反発も予想されます。

こうして、校長先生、現場の教師、教育委員会、保護者、地域という5つのステークホルダーが納得をする段階にまでたどり着いたときには、教育改革とはほど遠いアイデアに落ちつくことになるのです。

②学校は安全が最優先の場であるため

教育改革を推し進める上では、子どもたちの個性化や個別化、自由に創造や表現をする活動が必ず含まれることでしょう。これまでのような画一的な一斉講義型ではなく、主体的・対話的な深い学びの実現には、こうした自由度の高い活動が重要な要素となります。

その一方で、学校が最優先するのは主体的・対話的な深い学びの実現よりも、安全です。子どもたちの命を預かる機関として、事故やケガがあるようなことは絶対に避けなければならないからです。

教師ひとりに対して児童が30人もいると、子どもが自由に行動すると危険がともなうことがしばしば発生します。安全を最優先するには規律やルールが必要ですし、この点は保守的にならざるを得ません。

たとえば、理科の実験でガスコンロを扱う際には、長い髪の子がきちんと髪を束ねるまで実験はスタートしない、といったことなどです。

学校の活動全般では保守的な規律やルールを運用する必要があるなかで、〝授業だけは自由にクリエイティブに〟と切り替えることは難しいのです。どんな場合でも、安全をおろそかにすることはできませんから、規律やルールがきちんとしているというカルチャーを、学校は緩めることはできないのです。

③成績評価をしなくてはならないため

ほとんどの学校では、学期ごとに通信簿という形で成績評価をします。この成績評価には明確で公平な根拠が必要ですから、数値化すなわちテストに頼らざるを得ません。

あまり知られていませんが、本来テストというのは必須ではありません。もっと言えば、成績評価をしなくてはならないという法的な拘束もありません。

実際、東京都の東京学芸大学附属竹早小学校などごく一部の小学校では、成績評価をしていません（かわりに子どもの成長の記録をつけ、保護者と共有しています。これは担任の先生にとって大変な作業と推測します）。

成績評価のもととなるテストは、教科書を出している教科書会社がつくっています。テストは教科書と連動していますから、テスト範囲となる教科書を公平に学ぶ必要があります。

その教科書を学んでいると、5年生理科の年間105時間の授業はそれだけでほぼ終わってしまいます。もちろん学校行事や、冬場のインフルエンザでの学級閉鎖、災害警報といった予期せぬ休校日が発生するなどして授業時間が減ることも出てきます。また、保護者から「なぜこの評価なのですか?」と聞かれた際には、明確な根拠が必要ですから、教科書にないことを学ぶ時間的な余裕はないのです。

実際に私も各学期ごとに理科の成績をつけました。AかBかCをつけるのです。なかにはAかBか迷う児童もいます。そのときに、会ったこともない保護者の顔が浮かんできて、「なぜうちの子はBなのですか?」と聞かれたときにどう回答しようかと考えを巡らせている自分がいました。実際にそのような質問は一度も受けなかったのですが、先生たちは「ほとんど指摘されることはないけれど、もし指摘されたときにはあいまいな対応は許されない」という状況下に置かれているのです。

④教科を再編できないため

現行法である学校教育法は1947（昭和22）年から始まったもので、「6－3－3－4制」とも呼ばれる現在の学校制度（小学校6年間、中学校3年間、高等学校3年間、大学4年間）が形成されました。その原型は明治時代にあったと言えるものです。国語、算数、理科、社会といった教科は、時代によって変わってもいいはずです。たとえば、身の回りにコンピュータが不可欠の時代になりましたから「ＡＩ」や「ＩｏＴ」といった教科があってもいいでしょうし、30年前と比べてかなり研究が進み、なおかつ人が生きるには不可欠な栄養学や脳科学なども教科として扱っていいはずです。しかし、教科は何十年ものあいだ変わっていませんし、「各教科、年間〇〇時間実施すること」と規定されているので、新しい要素が入り込む余地はありません。

２０２０年度から大きな改訂が行われますが、残念ながら教科の枠組みは、依然として変わりません。

以上のような背景から、公教育が変わるにはまだまだ時間がかかると思っています。もちろん、先生たちはつねに真面目に熱心に取り組み、子どもたちに愛情を注いでいます。私が勤務していた前原小学校や、いまかかわっている本田小学校（大阪市）、白金小学校（港区）、回田小学校（東村山市）などでも、先生がたが日々新たな挑戦をしていて、敬服するばかりです。

こうした先生たちがよりイキイキと自由に取り組める枠組みが必要ですが、学校全体の構造と教育システム上、すぐには変わることができません。

では、どうすればよいのでしょうか。残念ながら先述した4つを早期に解決するのは至難の業で、政治を巻き込んだ別階層での取り組みが必要になりそうです。

しかし、まだまだ希望はあります。民間教育の役割が見えてくるからです。

公教育では担えない役割を補うために、私たちのような民間事業者がアイデアを出し、補填していくことに意味があると思っています。

それでも公教育が大切なのにはワケがある

こうした意味でも、今後は民間教育の重要性が高まってくると考えていますが、だからといって公教育を軽視していい理由にはなりません。なぜかと言えば、学校で網羅的に基礎学力を身につけることは、誰にとっても非常に大切だからです。

学校の授業はインプットが効率的にできるように周到に整理されています。

植物の発芽に必要な条件や振り子の等時性、小数や分数などです。

過去の偉人たちが努力の末に見つけた原理を引き継ぐことは、大げさかもしれませんが人類にとって非常に大切です。これらは学校がなければ引き継ぐことは難しいでしょう。

たとえば5年生の理科で学ぶ電磁石の仕組みはこうです。

銅線をぐるぐる巻いたものをコイルと言いますが、コイルは磁石のはたらきを持っていません。しかしこのコイルに電流を流すと磁石のはたらきが生まれます。コイルに釘がくっつくのです。そして電流を止めると、くぎは落っこちてしまいます。

もし、この事実が発見されていなかったとしたら、この原理に気づかずに過ごしてしまうのではないでしょうか。少なくとも私は一生かけても気づけなかったろうと思います。

過去の科学者をリスペクトし、知恵を網羅的に引き継ぐ。学校はそれができる場所です。

アインシュタインはノーベル物理学賞を受賞したときに、「巨人の肩に乗ったから発明できた」と言いました。つまり、過去の科学者（巨人）が発見してくれた原理原則を学ぶことで、より発展的な研究に取り組むことができ、素晴らしい発明ができたと

第4学年　単元一覧表(理科)

月	単元名	単元時数	内容	時数
4	○　花や虫を見つけたよ	1(1)		1
	Ⅰ　季節と生き物	7(8)	①Ⅰ年間の観察の計画を立てよう	3
			②ヘチマ/③鳥や虫/○記録の整理	4
5	2　天気による気温の変化	4(5)		4
	3　体のつくりと運動	4(5)	①体のつくり	2
			②きん肉のはたらき	2
6	4　電気のはたらき	12(13)	①かん電池とモーター	3
			②かん電池のつなぎ方	5[E10]
			③光電池	2
			④かん電池や光電池を使ったものづくり	2
7	○　夏と生き物	6(7)		6
	○　夏の星	1(1)		1
8	わたしの研究			
9	5　月や星の動き	6(7)	①月の動き	4
			②星の動き	2
9・10	6　とじこめた空気と水	6(7)		6
10	○　秋と生き物	6(7)	○深まる秋と生き物	6
10・11	7　もののあたたまり方	9(10)	①金ぞくのあたたまり方	3
			②水のあたたまり方	4
			③空気のあたたまり方/○金ぞく，水，空気のあたたまり方	2
11・12	8　ものの温度と体積	7(8)	①空気の温度と体積	3
			②水の温度と体積	2
			③金ぞくの温度と体積/○まとめ	2
1	○　冬の星	1(1)		1
	○　冬と生き物	3(4)		3
	○　生き物のⅠ年	2(3)		2
2	9　水のすがた	9(10)	①水を冷やしたときの変化	4
			②水をあたためたときの変化/○水の3つのすがた	5
2・3	10　水のゆくえ	6(7)	①水がなくなったりへったりするわけ	3
			②冷たいものに水てきがつくわけ	3
3	○　ふたたび春が	1(1)		1
総時数　(　)の数字は標準配当時数91(105)				

教科ごとに学習する単元と授業数が決められている
(出典：教育出版ホームページ平成27年度版小学校理科単元一覧)

いうことです。

しかも、教科書とそれに対応する先生専用の指導書というのは大変良くできています。どのような順番で何を教えていくと、より多くの子どもたちが理解できるのか、研究しつくされているのです。

乱暴な言い方をすると、この指導書があれば新米先生でも充分良い授業ができるのです。

これを民間教育で全教科やれと言われても無理でしょう。ですから、「基礎学力については学校の勉強をしっかりやっていれば充分！」と、私は声を大にして言いたいのです。

そのベースの学力があったうえで、民間教育の役割が出てきます。

民間教育は、つくるとか表現するといった、公教育が扱いにくいアウトプットを主に担う役割があると言えます。

公教育が重要である理由は、アウトプットするには基礎学力のインプットが前提となるからです。豊かな知識のバックボーンがあってこそ、豊かなアウトプットができます。

30人学級でもできたアウトプットのトレーニング

2017年度に勤務した小金井市立前原小学校では、不安ばかりのスタートでした。教育学部を卒業して小学校の教員免許を持っていながら、正規の教員として仕事をしたことはなかったからです。いわば新米先生です。

ステモンでの先生は何度もやっていますし、プログラミングの授業は小学校でも実践していましたが、1年間の教科担当となると勝手が違います。先生がたにいろいろと教えていただきながら、理科の講師として奮闘していました。

2学期になるとだいぶ慣れてきて、授業をこなすだけでなくチャレンジする余裕も出てきました。かねてから私は、子どもたちには知識を学ぶだけでなく、学んだ知識を活用して社会に貢献するためのアウトプットのトレーニングをしてほしいと思っていました。

「知識は覚えることに意味があるのではなくて、知識を活用して何かをつくることに意味があるのだよ」ということを繰り返し子どもたちに伝えていました。

ステモンではまさにそれを実践しているわけですが、公立の小学校でもできるのか試したかったのです。

たとえばこのような授業をしました。


「課題」

学んだ電磁石の知識を活かして、「便利」「安全」「人を楽しませる」のいずれかのモノやサービスのアイデアを考えよ！


この授業はとても活発なものになりました。子どもたちはいろんなアイデアを出し、ノートに企画書や設計図を書いていきます。友だちのアイデアを見に歩きまわり、おもしろいアイデアにゲラゲラと笑い、素晴らしい発想に歓声があがっていました。

たとえば、「どろぼうが来たら電流を流して閉まるドア」「スイッチを入れると宙に浮くことができるマント」「電流の向きを変えてプロペラを回して前後に飛べる道具」「友だちのズボンに鉄を仕込ませておいて、イスに座ろうとしたら電流を流して一生座れないイス」などです。

制限時間が来たので「みんなのアイデアを発表して」と言うと、たくさんの手があ

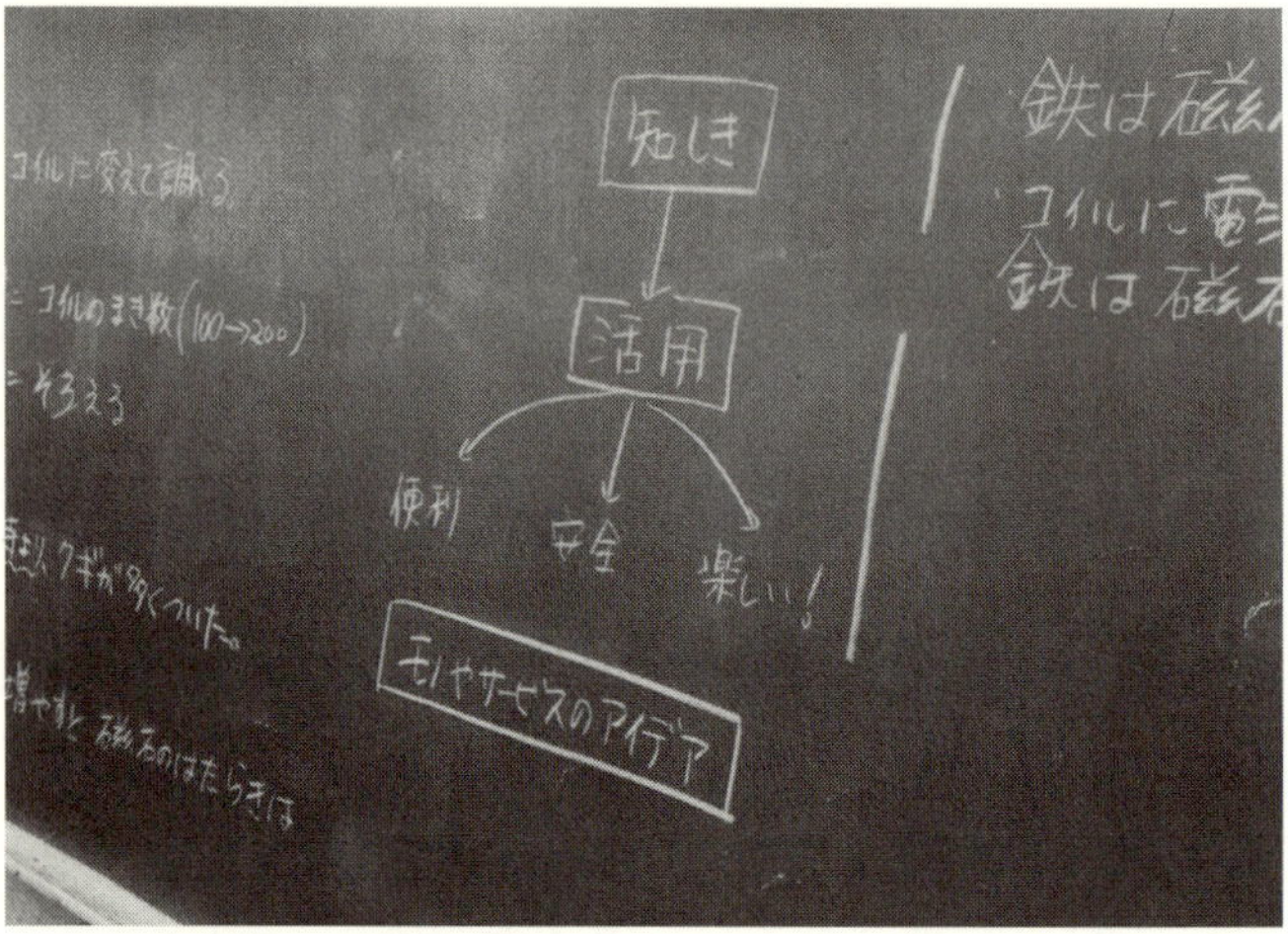

子どもたちに課題を与えたときの板書。

がりました。楽しそうに自分のアイデアを発表し、みんな感心したり爆笑したりしています。発表できなかった子のなかには、みんなに発表したかったとふてくされる子もいたほどです。

ほとんどのアイデアに電磁石以外の知識も活用され、「教科を横断して知識を活用してつくる」ＳＴＥＭ教育の醍醐味を目の当たりにすることができました。

ステモンでは日頃1クラス8名程度の少人数で実践していることが、30名の公立小学校でも可能なことも想定外の発見でした。

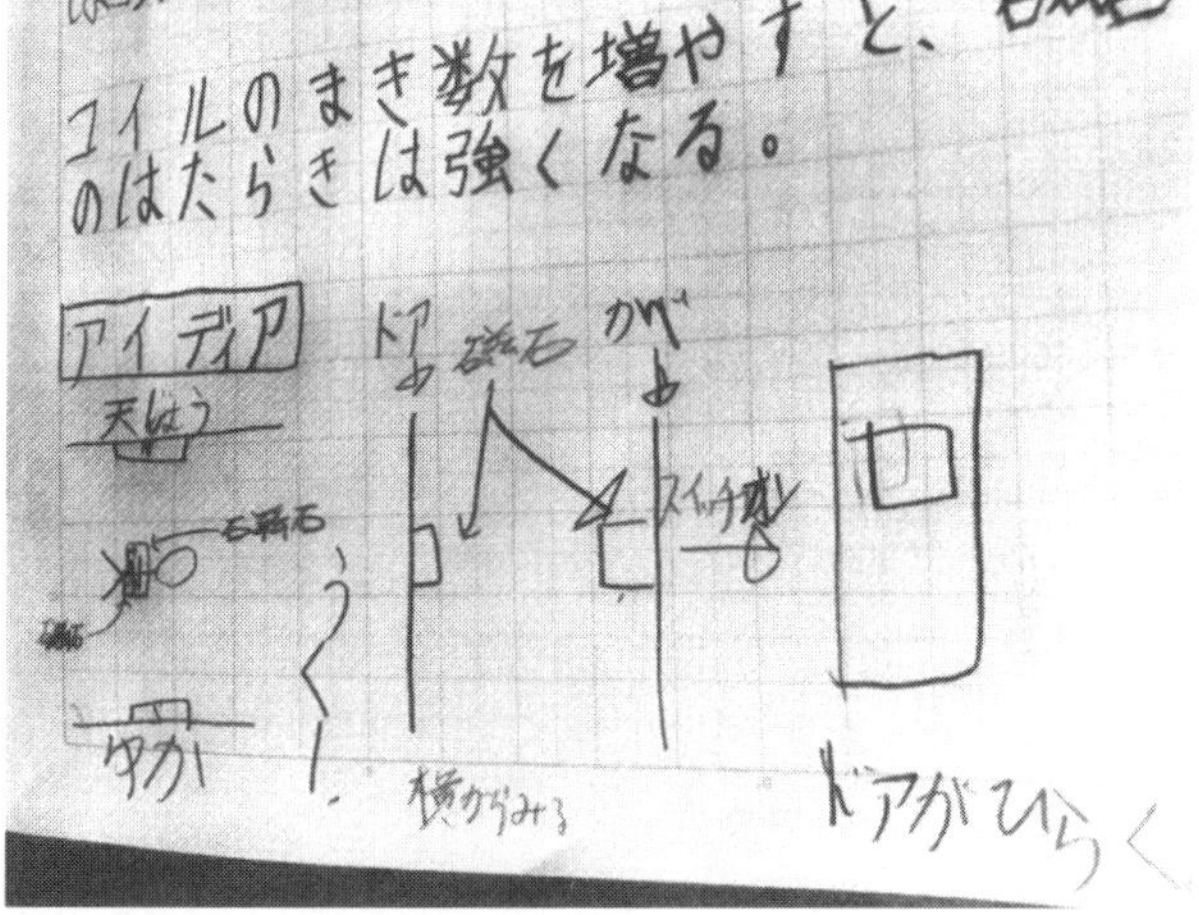

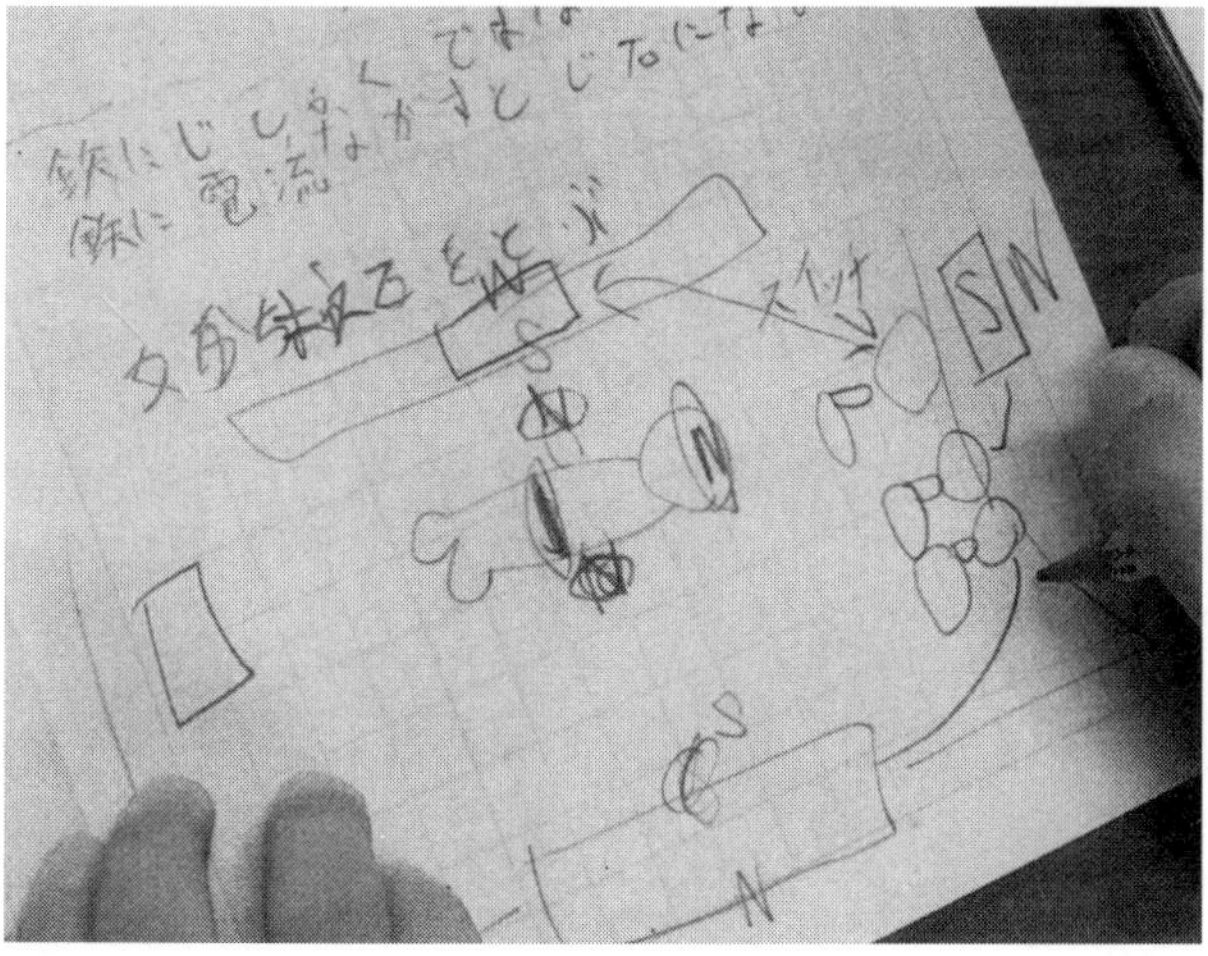

子どもたちのアイデア。

子どもが自ら学びたくなる理由は仲間

この電磁石を活用したアイデアコンテストの授業で、もうひとつとても嬉しいことがありました。

課題を出して子どもたちにアイデアを考えてもらっているあいだ、私は理科室をぐるぐるとまわっていました。子どもたちは集中してアイデアを考えていたり、友だち同士で教え合ったりして、私のことは気にせず取り組んでいます。

そのとき、歩いている私の背中を人差し指でツンツンとつついて呼び止める子がいました。

この子は勉強があまり得意ではなく、考えること自体もすぐにめんどうくさがってあきらめてしまいます。授業中はノートも教科書も開かず、実験にも参加しないことが多い子です。

授業の邪魔をするようなことはしません。でも学ぶこと自体を放棄していて、個人的には一番「どうしたものか」と頭を悩ませていました。

その子がスッと立ち上がって、通りかかった私をツンツンとつついて呼び止め、振り返った私に「先生、ぼくに知識を教えてください」と言ったのです。

これには驚きました。

きっとみんながすごく楽しそうに考えているのを見て、仲間に入りたかったのだと思います。電磁石を活用したアイデアを自分も考えたい。でもこれまで授業で学んだ知識を理解していないから参加できない。だから知識を学びたい。こういうことが彼のなかで起こったのだと思います。

「学びたい」となるきっかけはいくつもあると思いますが、「仲間と一緒の楽しい空間」というのは、多くの子どもに共通する要素だと感じました。とくに継続して主体的に学び続けるには重要なのではないでしょうか。

ステモンでは、仲間とともに学ぶ環境をつくっています。この出来事をきっかけに、この方針は変えずに、むしろ追求していこうと決意しました。

このように「アウトプットのトレーニングをする授業」では、さまざまな点で手ごたえを感じたのですが、残念ながらあまり時間はとれませんでした。授業時数が限られていて、このような〝教科書にはない授業〟をする時間はあまりとれないのが現状だからです。

公教育と民間教育の役割の違いが、このあたりにあるのだろうと気づき始めたきっかけでした。

変わりつつある教師の役割
――「教師1・0」から「教師2・0」へ

子どもに学力を提供する公教育も、決して立ち止まっているわけではありません。教師だって時代の変化を日々感じているわけですから、試行錯誤しています。

かつての教師は、教えを授け、そのことで子どもたちが理解を得て成長していく姿を見て喜びを感じ、そのための技術を磨いてきました。授業はほとんどが一斉講義型で、基本的に先生が答えを持っていました。

この一斉講義型の授業を実践する先生を、私は勝手に「教師1・0」と呼んでいます。私も教師として教壇に立ってみてわかりましたが、子どもたちが理想的な反応をすると嬉しくて、やりがいを感じます。

ただ、こうした一斉講義型の授業には問題も見えてきます。というのも、先生の話を聞くばかりでは子どもたちの集中力は続きませんし、退屈そうにする子、もう知っている子、逆についていけない子が混在しています。また、どんな理解をしているのかわからない子も出てきますが、教師はそのまま授業を進める以外にありません。

こうした問題を打開するのが「学び合い」という手法です。第3章でもお話ししましたが、最近この「学び合い」を実践する先生が増えてきています。

学び合いとは、ざっくり言うと「先生が課題を設定し、子どもたちが主役となって協力しながら課題に取り組む授業」です。先生が答えを教えるのではなく、子どもたちが自由に調べたり相談したり教え合ったりして、自分たちで答えを見つける活動です。

先生の役割も、一斉講義型とは変わります。

ずっと話し続ける一斉講義型とは異なり、子どもたちの全体の活動を俯瞰して見る余裕ができ、必要に応じて声がけやサポートをしていきます。板書も一斉授業と比べるとかなり少なくなって、見守る役にまわります。子どもたちは驚くほど自主的になり、主体的・対話的な学びになっていきます。

こうした学び合いによる子どもたちの姿は本当に魅せられるほどなのですが、別の問題も見えてきました。子どもたちの学びにムラが出やすいこと、また知識を効率よく学ぶにはやはり一斉講義型には及ばないことです。

その事実が見えてきた教師たちは、一斉講義型と学び合いを組み合わせた授業を始めています。こうした先生たちを、私は勝手に「教師2・0」と呼んでいます。

教師2・0は時代の流れにも合った教え方です。というのも、新しい技術に対しては子どものほうが数段、吸収が早いことも多いからです。教師が懸命にプログラミングを習って教えようとする傍らで、子どもはいとも簡単に教師のレベルを超えたものをつくったりします。

今後、新しい技術はどんどん出てきますから、教師は自分が教えることにこだわらず、得意な子を巻き込んで教師を含めたみんなで成長していけばよいのだと思います。自分が教えることにこだわる教師は、むしろ子どもの成長の妨げになってしまう可能性もあると思います。

これからの時代に求められる「教師3・0」
──「個性化・個別化」へ

そして、これから求められるのが「個性化・個別化」の授業です。これは「ブレンディッドラーニング」とも呼ばれ、集団で学ぶものとeラーニングを駆使して個別に学習できるものとを組み合わせて子どもに提示していく授業です。

たとえば、算数ではタブレットなどを活用して個別に各自のペースで勉強できる教材が出てきています。できる子はどんどんやっていったらいいし、理解に時間がかかる子はゆっくりやればいい。個々のレベルに合った課題設定や学習計画ができるということです。理解しやすい動画教材も充実し始めていますので、タブレットでそれぞれが映像を見ながら自主的に進められます。

このような個性化・個別化が求められるのには、子どもたちの学力や理解力のばらつきがひと昔前とは異なることも関係しているでしょう。以前よりも差に幅があって多様化しているので、どの子にもフィットする授業（のレベル）というのが、見つけにくいのです。

それが「個性化・個別化」だと個々に合わせる課題設定になるわけですから、「どこに合わせるべきか？」という問題が一気に解消し、すべての子どもがいまの自分に合った課題に取り組んで、確実に学力を高めることができるようになります。

個性化・個別化には教科ごとの相性もあると思います。算数のように個々にしっかり積み上げる必要があるものは相性が良く、理科のようにグループ活動の効用を得やすい授業は一斉講義型や学び合いを活用すると良さそうです。

先生の役割もさらに大きく変わっていきます。

教師はそれぞれの子どもたちにちょうどいいレベルの課題を設定し、そこに到達するための教材の選定をします。教材はたくさんありますから、何を選定するかも先生の腕の見せどころです。キュレーション能力（教科ごとの教材選定）も、教師としての重要な能力になります。

子どもたちが主体的・対話的に学ぶ場をつくる仕掛け人になったり、個別学習のための教材を選定し学習進捗を把握したり、メンターやコーチとしての役割も果たさなければなりません。「教科を教える」のとは異なるスキルが求められるようになるのです。

現役CEO教師が現場で感じた教師1.0-3.0

前原小学校での教員経験を通じて気づいた授業スタイルの違い。
教師1.0、教師2.0、教師3.0として整理

	特徴	先生の役割・活動の特徴	子どもの活動・学びの特徴
教師1.0	一斉授業（講義式）	・教科書と指導書、テストが強く連動 ・発問、指示、説明、板書 ・きれいな板書＝子どもたちのノート（子どもたちがきれいなノートをつくることで、知識の整理をしやすくする） ・先生が答えを持っている→伝達。 ・同じ空間、同じ時間、同じ課題 ・職人技（スピーカー、プレゼンター）最終形が大手予備校の一流講師。	・聴く ・理解する ・板書をノートにまとめる ・新たな知識が効率よく得られる ・無駄なく学べる（≒教科の壁を越えにくい） ・受動的、反応的
教師2.0	学び合い（西川式）	・課題の設定。子どもたちが協力しながら取り組む。 ・空間、時間、課題が同じ。それぞれの設計は自由度（裁量）高い。 ・子どもたちの知識にムラが出ないようにグループ単位の課題設定。 ・グループごとの進捗を可視化するなど、興味・意欲喚起を仕掛ける。 ・集団への評価（モデル：チームスポーツ（サッカー）や吹奏楽などの集団目標があるもの） ・子どもたちが答えを見つける ・先生が話す時間は少ない。全体を見渡し、適宜声がけやサポート。 ・子どもたちは教科書や補助教材で調べるだけでなく、web、図書室を活用できるとより良い。 ・みんながクリアできる課題になりがち。個別にどんどん取り組む設計にはしにくい。	・活動が多い ・集団への意識 ・多様な考えを得られる ・子ども同士で教える、教わる ・自主的、主体的
教師3.0	個性化・個別化（ICT活用とメンター）	・個々への課題設定（アダプティブ） ・学習環境（空間、時間、課題）の設計。究極的には空間、時間、課題が個別も可能。 ・個別の評価（モデル：個人種目 陸上短距離、水泳など、異なった種目・目標があるもの） ・個性の理解と学習進捗度の確認 ・次の一手に気づかせるメンター	・活動が多い ・自分のペースで進められる ・個人内の目標 ・自主的、主体的

こうした個性化・個別化をベースにしながら、単元に合わせて「一斉講義型」「学び合い」もブレンドする先生を、私は勝手に「教師3・0」と呼んでいます。

テクノロジーの進化や社会の変化に合わせて、先生も進化する必要があります。「教師3・0」は、これから先生はどの方向に進化していけばいいのかという指針になると思っています。

これからの時代に求められるのは、教師3・0なのだと思います。

先生の役割をアップデートするとき

先生たちは教師1・0の教育を自らが受けてきていますし、その姿にあこがれて教師になることを目指しています。そして日々教科研究を続けてきて、いわば職人としての技に磨きをかけています。日本の先生たちは教科指導の分野では世界でもトップレベルでしょう。そこに先生がたのアイデンティティもあるはずです。

しかし、それが「先生のジレンマ」となって変革を遅らせているようにも感じます。

いまこそ先生の役割は何かをしっかり問い直さなければならないのです。

先生の役割とは何でしょうか？　教科を教えることでしょうか？　生活指導をすることでしょうか？

ほかの業界の例をご紹介しましょう。

以前、子ども向けの図鑑の会社が2社ありました。A社は自社の役割を「子どもたちにとって最高の図鑑を提供する会社だ」と定義していました。B社は「子どもたちのあくなき好奇心を刺激し続ける会社だ」と定義していました。

みなさんはこの2社の違いをどう思われますか？　結果としてA社は事業縮小し、B社は事業を拡大していきました。B社は図鑑にこだわることなく動画やデジタル教材などにも積極的に取り組み、さまざまな手段を通じて子どもたちの好奇心に応え続けていったのです。

「不易流行」という言葉があります。いつの時代でも変化しない本質的なものを軸にしつつ、新しく変化を重ねているものも取り入れていくという意味です。「子どもたちのあくなき好奇心を刺激する」という本質はブレさせず、一方でテクノロジーの変化によってやり方は変えていかねばならないのです。

これを「先生の役割とは何か？」に置き換えたとき、「子どもたちに最高の教科教育を実践する人」と定義するのか、「社会に出たあとイキイキと活躍するための最良の機会を提供する人」と定義するかで、行動が変わってくるのではないでしょうか。

親に対しても同じことが言えるはずです。親とは何か、教育とは何かという問いは堅苦しくて正解はありませんが、「子どもたちが自立した自由な大人になり、社会とともに生きる良き市民になるための支援をする」ことが、大人の役割でありたいと私は思っています。

民間教育だからこそ、できること

志もスキルも高い教師はたくさんいます。たとえば小金井市立前原小学校や大阪市立本田小学校には、私の公教育に対する認識を良い意味でくつがえしてくれた素晴らしい教師がいます。しかし、多くの教師には、すぐには変われないというジレンマがあります。

これはスキルや意識の問題だけではありません。たとえば、2020年度からプログラミングが必修化されるわけですが、現場の教師にはこの分野の知識を習得する時間的余裕がありません。

職員室にいると、先生がたは子どもたちの生活指導や行事の準備など、教科指導とは別のことで大忙しです。

通学途中で子どもが車にぶつかってケガをして病院に運ばれたり、不登校になりがちな児童とのかかわり方を保護者と相談したりといったことも発生します。

担任ではなく養護教諭の先生が非常に活躍していると知ったのは、失礼ながら驚きのひとつでした。これも公立小学校の現場に入ったからこそ知ったことで、外からは見えない事実です。

そんな忙しい状況のなか、先生がたが大学の教職課程で学んでいないプログラミングについて、いきなり必修化と言われても難しいのは当然です。

かといって、専任講師を入れるのも難しい面があります。というのは、プログラミングを熟知していることと、それを子どもたちに教えることは、まったく別のスキルだからです。

プログラマーが学校現場に行って先生や子どもたちに教えても、学校にはフィットしないことが多いのです。職業としてのプログラミングスキルを身につけたい大人が集まる場で授業をすることができたとしても、公教育の場で子ども向けにはできないということは多々あります。

それだけ「30人の子どもたちに教える」ということは特別なスキルで、そのスキルの秀逸さが学校外の人には非常にわかりにくいのです。

しかし、公教育がすぐには変われないからと言って、社会の変化は待ってくれません。そこで、民間教育が新しい受け皿になる必要があるのです。


これまで「教育の地域格差」を指摘されることが多くありました。しかし学力に限れば、動画やアプリなどの優れた教材がいつでもどこでも安価に手に入る時代になりました。リクルート社が提供するスタディサプリは一流のプロ講師の授業をアプリで安価に見ることができ、まさに一斉講義型（教師1・0）の最終形態です。このようなサービスによって「学力の地域格差」は今後なくなっていくでしょう。

一方、最近ではこんな研究結果が知られるようになってきました。

「子どものころに遊びを含めたさまざまな体験をしている子ほど、生涯賃金が多い」というものです。この結果を前提とした「体験格差」という言葉も見聞きするようになりました。

私はこの体験格差が今後、大きな課題になると思っています。

体験をたくさんすることで感性を磨くことができ、イメージする力が高まって読解力が高まるのです。これが思考力の広さや深さになり、「創造力」「表現力」「活用力」が鍛えられていくと思うのです。


私が株式会社エス・エム・エスに勤務していたときに、こんなことがありました。

新規事業の責任者になったものの、ウェブサイトを自分で開発するスキルはありませんでした。そのため私のほかにエンジニア、プログラマーが付き、部下1名を含めた4人でプロジェクトが始まったのです。エンジニアたちは私の「こんなウェブサイトにしたい、こんな機能を追加してほしい」というリクエストをどんどん形にしていってくれます。魔法使いのようだなと思ったものです。

あるとき2人に「なぜエンジニアになったの？　なぜプログラミングがそんなにできるの？」と聞くと、中学生のときたまたま古くなったパソコンを親がくれて、それで遊ぶようになって楽しくなったというのです。2人とも同じ回答でした。

ここに大きな体験格差のひとつの事例があると思うのです。これほどコンピュータが活躍する時代でありながら、学校の教科にも受験科目にもコンピュータは入っていないため、体験する機会がまったくないのです。

この体験格差は家庭によって大きく異なります。そしてやっかいなことに、これからの社会では学校や受験がカバーできていない領域の体験格差の影響が大きくなっていくのです。

「先生たちは忙しすぎて新しいことに挑戦できない」
「教科の再編もされないので、既存の教科のまま変わらない」
「社会で求められる力は、既存の教科以外の領域に広がっている」

このギャップが非常に大きくなっているのが現状で、体験格差の解消を民間教育が当面は担っていくのだという使命感を私は抱いています。

私たちが実践しているステモンやスイッチスクール、探究学習BOKENなどは、体験型の学習の場を提供することで、子ども本来の感覚を取り戻し、これからの社会で活躍できる能力を育むための環境づくりです。

学校で学んだ知識が身体的な体験によって咀嚼されるような経験を知らない子にとっては、学力は単なる机の上の問題でしかありません。それが生きた知識となるためには、実体験が必要なのです。それこそが「学びを活かす＝ＳＴＥＭをＯＮにする」こととも言えます。

社会の宝物である子どもたちの将来が、豊かで幸せなものになってほしい。その目的は公教育も民間教育も変わりません。

ただ、公教育が苦手な「新しいこと」こそが私たち教育ベンチャーの強みですから、学校の先生たちががんばっても担い切れない分野を開拓し、提供していくのが私の役割だと思っています。そして、学校にはどんどん私たち民間企業のスキルを活用してもらいたいと思うのです。

これまでは、教育は学校が担うものという先生たちのプライドがあったと思います。しかし公教育と民間教育の協働も、一歩ずつではありますが、たしかな手応えを得ながらスタートしています。当社でも東京都と大阪市の教育委員会から委託を受け、公立小学校計６校を担当して一緒に実践を積んでいます。

体験格差を埋めるために、今後ますます私たち民間教育の事業者が果たす役割が大きくなっていくと思っています。

第5章

STEMと探究型学習から見えてきた「幸せ」に向かう教育

「働く能力」と「人としての豊かさ」は矛盾しない

子どもたちが将来イキイキと生き続けてくれたらと、どんな親でも願うことでしょう。その「イキイキと生き続ける」というのが、私たちの会社の理念のひとつでもあるわけですが（84ページ）、着目していただきたいポイントは、「生き続ける」という点です。

ひとときのあいだ「イキイキと生きる」のは、さほど難しくないでしょう。しかし、それを継続していくのは、簡単ではありません。スポーツで生計を立てるプロアスリートが、選手時代はイキイキしていたけれども引退後は次になかなか進めず、精神的にも葛藤するという話を耳にすることもあります。

いっときのイキイキではなく、持続可能なイキイキを育むためにどうすればいいのか。そのためにはまず、自分の役割に迷いなく夢中になれていて、チャレンジが必要な目標があり、学習と実践があり、仲間とともにつくり出してアウトプットしたものが、誰かの役に立っていく。それを喜びに感じ、また夢中になっていく――。この夢中サイクルがずっと人生のなかで回り続けていくこと。

これが私たちの会社が目指す教育の理想です。純粋な子どもたちを見ていると、みんな将来幸せになってほしいなと心から思います。

少し前までは、誇れる学歴を得て、良い会社に入ることが幸せへの近道のように思われていました。ですから、親は子どもをそうした道に導くのがいいと思ってきましたし、自分たちがそうした成功体験を得てきたので、その時代の成功の方程式を子どもにも当てはめようとしがちでした。

しかし、もう歴然とも言えるほど、そうした成功の方程式は過去のものになりつつあります。

考えてみれば当たり前ですが、ひとりひとりの幸せは個々によって形も質も違うのです。世の中で言われている幸せが、その子にとっての幸せだとも限りません。

幼稚園で講演し、保護者の方々に「お子さんに将来、どうなってほしいですか？」と聞くと、みなさん上手く言葉にできないとおっしゃいながらも、いろいろと話してくれます。親って本当に子どものことを考えているんだなと、私も親のひとりですが、いつも胸が熱くなります。

そこで私が「イキイキと生き続けてくれたらいいなと思っているんです」と言うと、親御さんたちも「ああ、たしかにそうですね」と同意してくれるものです。

いい大学、いい会社に入ったってもちろんいいのですが、いい大学や会社に入らなくても、イキイキと生き続けることはできます。町の商店を営んでいる人は、地域の人たちに重宝されて愛されることに幸せを感じるでしょうし、研究者顔負けなほど好きなことを追究しているさかなクンみたいな人も、嫉妬すら感じるくらいすばらしい生き方です。

いま企業においては、給与や福利厚生の条件と、会社に対する満足度との関係性が薄れてきていると言われます。給料が上がることは嬉しいけれど、それで人生が満たされるかと言えばそうではないということの表れでしょう。働き甲斐、生き甲斐の比重が高まっているのです。

まだまだ世間の目や既存の評価軸が気になる場面はあるかもしれません。けれども、これからの時代の幸せは、自分で好きなものを見つけ、探究し、他人や社会からではない自分自身の評価によって、自己を肯定して生きていくことから始まるのではないでしょうか。

社会で活躍するための力と同時に、幸せを感じることができる人としての豊かさを、バランス良く育んでほしいと願っています。

コラボレーション好きな子を育てよう

「社会で活躍するための力」にも「人としての豊かさ」にも共通して大切な素養があります。それは「コラボレーションする力」です。「コラボレーション」は、私たちが賢さを再定義するために活用している6Csの一番はじめにある項目でもあります。

コラボレーションをすることで、子どもたちのコミュニケーションが活発になり、知識やアイデアを共有し、ひとりでは思いつくことができない解決策を考え出します。解決策を考えつくまでにさまざまな活動をともにすることで、信頼関係や失敗を恐れない勇気も身についていきます。すべてはコラボレーションすることから始まっているのです。

探究型学習スクールBOKENでは、コラボレーションする力の重要性を実感する場面が何度もあります。

たとえば、こうです。

BOKENは正解のないプロジェクトに取り組みます。このときは「お魚が食卓にならぶまで」というプロジェクトで、水産業界の流通問題について取り組みました。水産業界の流通は非常に複雑で、食卓にならぶころにはこのお魚がいつ、どこで、だれが獲ったのかわからないのです。これはトレーサビリティ問題とも呼ばれています。このテーマを探究し、最後に解決策を考えるというプロジェクトでした。

小学生の5人の子どもたちにとってはじめて聞く問題なので、ポカーンとした状態から始まります。そして、まずはお互いにコミュニケーションが交わされます。

Aさん「魚、好き?」

Bくん「どっちかというと肉派だけど、お寿司は好き!」

Cさん「お寿司屋さんのポスターで、○○産の魚! とか書いてあるよね」

みんな「あ〜! 知ってる〜!」

Dさん「解決のヒントにならないかな〜」

このようにコミュニケーションをしていくことで、お互いの知識が共有され、みんなの知識が増えていくのです。さらに子どもたちのコミュニケーションが交わされると、次の一手が見えてきます。

Eくん「もっといい方法ないかな……なんか、これだ〜！って感じしないんだよね〜。まだいい方法がありそうな……」

Bくん「スーパーのお魚売り場の人に、聞いてみるのってありかな？」

このアイデアを機に、実際に魚売り場の店員さんにインタビューをしに行きました。するとと魚の流通問題は店員さんでもわからないほど難しい問題であるということと、JR中央線の荻窪駅前にあるスーパーの魚コーナーには26種類の魚が並んでいることがわかりました。

Cさん「じゃあ、魚は全部で何種類なのかな？」

この疑問をCさんが発したことで、5人はインターネットで検索し、日本の近海には約4000種類の魚がいることを知ります。

Dくん「えっ、4000種類もいるのになんで荻窪のスーパーには26種類しかいないの？」

このように少しずつ問題の核心に迫っていくのです。

コミュニケーションを通じてお互いの知識をシェアし、疑問が生まれ、解決方法にも気づきを得ていきます。それを実行していく過程で5人には知識（学力）が蓄積されていくのです。

そして最後の解決方法を考える段階になると、「漁港から直接ロボットに運んでもらおう！」「船からドローンだ！」といった具合に、子どもたちなりのアイデアが出てきます。

このような一連の活動を通じて仲間との信頼関係を深め、友だちの知識を自分の知識として吸収し、そして「私たちは良い解決策を思いついたのではないか!?」というアイデアに行き着くのです。
この状態になると、「失敗を恐れずに一歩踏み出す勇気」も備わっています。子どもたちのこのような姿を見ると、「きっと私にもできるはず」という自己肯定感にも、仲間とコラボレーションする力が大いに関係していると思うのです。

このようにコラボレーションする力の重要性を痛感することが多い一方、親のなかにはそれをあまり重要視していない人も多いと感じます。さまざまな要因はあると思いますが、親が心のどこかで「うちの子だけは」と思っていることと関係しているのではないでしょうか。

親の世代は競争の連続でした。受験競争、就職戦線、出世競争と、同年代と熾烈な争いをしてきた人が多いでしょう。勝ったこともあれば負けて悔しい思いをしたこともあるはずです。このような体験が、「わが子には負けてほしくない」「わが子だけは勝ってほしい」という意識につながっているのではないでしょうか。

適度な競争はやる気にもつながるので有効だと思いますが、子どもたちはもっと自然体で過ごしたいのです。10代、20代の若い世代を見ると熾烈な競争文化とは程遠く、シェアすることやソーシャルな活動に関心が高いようです。

若い世代には若い世代の志があり、それは私も含めて、異なるカルチャーで育った親世代には理解できないのかもしれません。

このBOKENの5人のうちひとりが引っ越しで退会することになったとき、子どもたちは「この5人でまた何かしたいね！」と言っていました。スタッフたちはその様子をほほえましく見ていました。

「かもめのジョナサン」で生きる

子どもたちに自分軸を持った自立した自由な人になってほしくて、よくお勧めしている一冊があります。リチャード・バック著『かもめのジョナサン』(五木寛之訳、新潮社）です。

注目したいのは、「飛ぶ理由」です。ジョナサン以外のかもめたちは、エサを獲ったり、天敵から逃げるために飛びますが、ジョナサンだけは自分の飛行技術をひたすら磨くために飛びます。

急降下だったり、急上昇だったり、急旋回だったりを鍛錬するうちに、あるときジョナサンは喜びと生き甲斐を感じます。かもめ界では異端とされ追放されてしまうのですが、ひるまずに我が道を切り開いていく——最終的な展開はぜひ実際に読んでいただければと思いますが、とにかく、これこそ「自分軸で生きるということだ」と実感できる一冊です。

新しい発想とテクノロジーで、みんながあっと驚くようなものや、これまでになかった便利なもの、ユニークなものをつくり出すMaker Faire Tokyoという「Maker」の集いがあります。電子工作やロボット、クラフト、ペーパークラフト、電子楽器、サイエンス工作、リサイクルなど、あらゆるジャンルの自作品が展示されるという、とにかくつくりたい人がつくったものを展示する発表会です。

そこには600組の「かもめのジョナサン」たちがひしめき合っていました。小さな雷を発生させる装置をつくった人もいれば、ホンダのバイク「カブ」をベースに、木と鉄で一人乗り用の自動車をつくった人もいました。つくった人もそれを見ている人も、みんなおもしろがっています。

これからの時代に幸せになれるのは、こうした「かものジョナサン」たちなのではないかと思います。お金になるかならないかに関係なく、人生を楽しみ尽くす術を知っている人たちです。

大切なのは、子どもがイキイキとできるコミュニティ

ステモンのいろいろな教室を見ていると、子どもの成長に一番大きな影響を与えるのはコミュニティなのだとわかります。ステモンが少人数の集団学習にこだわっていることは第3章（133ページ）でもお話ししましたが、子どもの成長にはコミュニティの役割がとても重要だと考えているからでもあります。

学校のクラスも、習い事の集まりも、家庭も地域社会も、すべてコミュニティです。そして意識するしないにかかわらず、私たちは自分が属しているコミュニティの影響を大きく受けています。私自身、自分がこれまでに所属してきたコミュニティで受けた刺激がいまの活動につながっているなと実感することが多々あります。

ステモンでは、強くて良いコミュニティをつくることを大切にしています。能力の側面だけでなく、精神面での安定や人格形成にもかかわってくるのがコミュニティの

存在だからです。

日本の子どもたちの多くが、学校中心の生活を送っています。まるで学校だけが自分の属する唯一のコミュニティだと感じる子もいるかもしれません。もし、その学校で何か問題がおきて苦しくなってしまったら、人生そのものがどうにもならないように思ってしまうかもしれません。

そんなときに、「学校はあんまりだけれど、ぼくにはこっちがあるからいいや」と思えたら、どうでしょう？　学校以外にも世界はあって、こちらのコミュニティでイキイキしてもいいんだということがわかったら、どんなに救われるかと思うのです。

もっと広い世界を意識できれば、悩んだり苦しむことがあっても、乗り越えていけます。いじめ問題の打開策にもなるでしょう。子どもが複数のコミュニティに所属することはいろいろな効用があるのです。


コミュニティとは、子どもの「居場所」です。

家族でも、地域でも、塾でも、習い事でも、学童保育でも、何でもいいと思います。自分がそこにいることを当たり前のものとしてくれる場所です。そして、子どもが本音を出せるような居場所です。安心安全な場所でリラックスできる環境があってはじめて、子どもたちはいろんなチャレンジができるのです。

このような場所は学校以外にもあったほうがいいですし、ステモンも子どもたちにとってのひとつの居場所になることを大切にしています。

強くて誠実なコミュニティで育てば、その子は強くて誠実になっていくでしょう。好奇心旺盛なMakerのコミュニティで育てば、その子はMakerになっていくでしょう。イキイキと活動している大人がいて、子どもたちとつくることを楽しみながら新しい発見に感動するコミュニティを、ステモンではつくっていきたいと考えています。

他人の目を気にせず自分でつくりたいものを黙々とつくったり、みんな違って当たり前だと気づくのにも、子ども同士のコミュニティが必須です。

自宅でひとりでやる教材では、このコミュニティがつくれません。いまはタブレットを使って問題を解いたり、授業の動画を見たりして、ひとりで黙々と勉強できるようになっていて、将来は学校はいらなくなって自宅で授業の動画を見て学ぶようになると極論を言う人もいるようです。

でも私はそうならないと思いますし、そうなってはいけないと思います。なぜなら子どもを育てるのはコミュニティで、そこでは友だちや大人たちが同じ空間にいることが重要だからです。

人と人とのあいだで子どもは成長する

私たちのように幼児教育や保育を展開していると、理論的にああすべき、こうすべきというノウハウがたまっていきます。しかし、それを家庭に持ち込んでそのまま通用するかというと、上手くいかないこともあります。

子どもは、誰から言われるかによって態度や反応が変わることがあります。同じことを言われても、父親から言われるのか、母親から言われるのか、はたまた先生から言われるのかで、反応が違います。

親に対しては甘えの気持ちがあるので、ちょっと強い態度をとったりわがままになったりする一方、先生と接するときには緊張しているので、聞き分けのいい子になったりします。逆にお父さん・お母さんが怖いので家では言うことを聞くけれども、その反動で学童保育のスタッフにはとてもわがまま、というケースもあります。どれが良い悪いではなく、たんに反応が違ってくるということです。

周囲の目がある教室で言われるのと、家族しかいない家庭で言われるのとでも、受け取り方が違うでしょう。ですから、家庭には家庭なりの、母親には母親なりの、父親には父親なりの役目があり、かかわり方があるのだと思います。

私も、自分の2人の娘たちに関しては、仕事で培ったことが通用しないと痛感することがあります。STEMよりもごっこ遊びが好きだったり、テレビの見すぎを注意してもだだをこねられたりと、難しさを感じるものです。妻が子どもに対してイライラして怒ったりする場面では、「こうしてみたらどうか、ああしてみたらどうか」と思うことはあるわけですが、なかなか子どもには通用しません。

あるとき、妻から「あなたの正論がつらい」と言われたことがあります。それを聞いて、「ああ、そうなのかもしれない」と腑に落ちました。母親のほうが圧倒的に子どもと過ごす時間が多いというのが、大多数の家庭でしょう。そこへ、一部分だけを見た父親から「こうしてみたら?」などと言われたら、「そんなことは、すでにやっているわよ」ということがほとんどでしょう。学校の先生が自分の子どもの育て方に苦労するというのも、よく聞く話です。

かつては三世代同居だったり、すぐ近くに家族や親せきが住んでいたので、育児は自然に分担できました。けれども、いまでは母親ひとりが一手に引き受けている家庭が多くなっています。

すぐにヘルプに来てくれるような人も近くにいないとなれば、母親が時間的にも精神的にも余裕がなくなってくるのは当然です。核家族化によって、親は子どもの成長をじっくり待つ心の余裕を持ちにくくなっているのです。

そんなお母さんたちのためにも、地域のコミュニティを見直す必要があると思います。

コミュニティとは、ママ友やパパ友、地域の人たちです。そこには特別な名称があるわけではありませんが、子育てをするなかで出会ってきた人たちの自然なつながりです。

わが家でも、近所に住む子どもの友だちのお母さんが、娘たちの見守りをしてくれることがよくあります。逆に妻が、ほかの子どもたちを預かることもあります。いまから三世代同居を推進しようというのはどうしたって無理がありますから、こうしたコミュニティに参加しやすくしていくことが必要になってくるでしょう。

子どもにとっても、親以外の大人と接する機会がたくさんあるほどいいはずです。大人は親と先生としか話せないというのは、やはり不自然だと思います。

いろいろな大人と出会うことで、親や先生とは違った考え方や価値観に触れるきっかけにもなるでしょう。多くの言語も吸収するはずで、それが思考力の土台にもなっていきます。そうした日常のなかでの小さな要素が、その子にとって大きな支えや発見になることだってあると思います。

ですから、家庭はできるだけ外に向かってオープンにし、子どもを通じてほかの家庭と行き来して、ママ友、パパ友たちと話すことです。子どもにとっても親にとっても、学びや刺激になるものですし、親の心のゆとりが子どもの心のゆとりにもなるのです。

からだで安心安全を感じてこそ、子どもは伸びる

この仕事を始めてたくさんの子どもたちを見てきて思うのは、「子どもというのは本

当にからだで感じて学んでいるな」ということです。個人差はあるにせよ、みんな喜びもからだで表現しますし、不安や寂しさもからだに出ます。

わんわん泣いているあかちゃんが母親に抱かれるとすっと泣きやむように、子どもはやはり、からだで安心を感じ取ります。身体性が非常に大切なのです。

それはスキンシップという意味だけではありません。友だちと一緒に顔をつき合わせて学んだり、一緒に体験を共有したりして、実際に触れ合うことで人と人とのつながりを実感することの大切さです。

からだで得た学びは、メールやSNSが主なコミュニケーションであるいまの時代にあっても、やはり有効です。リアルな場で人対人の経験を多く積んでいるほうが、コミュニケーション能力も高まります。

ですから週に1回でもいいので、自分がそこにいることが当たり前で、受け入れてもらえる場所が、学校以外にもあるといいと思います。塾など習い事や学童保育などでもいいし、児童館のようなものでもいいでしょう。

そういった環境を子どもたちに提供したくて始めたのが、探究型学習スクールBO

KENでした（第4章）。スタート当初はまったく反響がなく一度は挫折した事業ですが、いまでは徐々に軌道に乗り始めています。

国際バカロレアの理念を参考とした学び

BOKENを運営する際に参考にしているのが、国際バカロレアの理念です。

ご存じの方も多いと思いますが、国際バカロレアとは1968年にスイスのジュネーブで設立された非営利団体で、同団体による大学入学資格試験、教育プログラムのことでもあります。

日本の文科省もグローバル人材育成の観点から、バカロレアの普及を推進しています。文科省のウェブサイトの説明を借りると、「チャレンジに満ちた総合的な教育プログラムとして、世界の複雑さを理解して、そのことに対処できる生徒を育成し、生徒に対し、未来へ責任ある行動をとるための態度とスキルを身につけさせるとともに、国際的に通用する大学入学資格（国際バカロレア資格）を与え、大学進学へのルートを確保することを目的として設置」とあります。

実際のプログラムでは、3〜12歳を対象としたPYP（Primary Years Programmeの略）と11〜16歳を対象としたMYP（Middle Years Programmeの略）などがありますが、BOKENでは小学生がメインですので、ここではPYPについてご紹介したいと思います。

探究する人としての基礎教育、そのために必要な知力、体力、精神力のバランスがとれた人になることを求めるプログラムで、次の10個の力を持つ人を育むことを目指しています。

探究する人
知識のある人
考える人
コミュニケーションができる人
信念を持つ人
心を開く人
思いやりのある人

挑戦する人
バランスのとれた人
振り返りができる人

そして、ＰＹＰでは次の６つのことを学ぶことを目的としています。

私たちは誰なのか
私たちはどのような時代と場所にいるのか
私たちはどのように自分を表現するのか
世界はどのような仕組みになっているのか
私たちは自分たちをどう組織しているのか
この地球を共有するということ

第４章１５９ページでご紹介したＢＯＫＥＮの４つのテーマは、これら６つのテーマを参考にさせていただき、私なりに集約したものです。正解がないものに取り組み、創造、表現、活用する力を身につけようという考えはいまの時代に即していて、まさにこれからを見据えた教育理念だと感じます。

こうした先駆者たちの視点をおおいに取り入れながら、21世紀型の開拓者を育てることにつなげていけたらと思うのです。

AI社会で輝く子

この歳になって、つくづく両親に感謝の念を抱くことがあります。というのは、私が子どもの時分には、母親はどんなときでも「あなただったら大丈夫」と言い続けてくれたからです。苦手なこと、できないことはたくさんありましたので、いま思えば根拠のあやしい言葉ですが、それが私の自己肯定感を充分に育んでくれたのだなと思います。

両親は私が男の子だからということもあってか、広い世界をとにかく見せるという教育方針でした。広い世界を見てほしいとよく言われていました。妹に対しては女の子だから手に職をつけるのがよいという教育観を持っていたようで、彼女は美容師の資格や介護の資格を取って、介護施設をまわる美容師を楽しそうにしていました。

そのおかげで、自分がやりたいと思ったことはすべてやらせてくれましたし、高校や大学の進学や就職に関しても、いっさい誘導されたことはなく、相談することもありませんでした。父は理工学部を出て事業を興しているので、心のどこかで「継いでほしい」と思っていたように思いますが、何でもすべて自分で決めるというのが私には自然と当たり前になっていました。

だからこそ、私には自己肯定感が育ち、起業するというチャレンジにも立ち向かえるようになったのだと思います。


のびのびと育っている子の親とお話ししていると、子どものことをよく観察し、子どもが好きなことや得意なことに目を向けているなと感じます。

一方、どうも自分に自信がなさげだなという子の親は、子どもの苦手なことや嫌いなことに目が行きがちで、それを克服させようとがんばっているという共通点があるように思います。

どちらのタイプの子どもたちに自己肯定感が育まれるかは、明らかです。

子どもの能力にはデコボコがあって当然です。ある分野が得意で、大好きで、何時間でも没頭できる子でも、ほかのものが同じようにできるかと言えば、そんなことはまず不可能でしょう。学校では手のかかる子も、社会に出たら大活躍するケースがたくさんあります。

仮に、すべてにおいて平均にできる人がいたとしたら、そうした人はコンピュータに取って代わられる可能性が高いかもしれません。

それよりも、世間体は気にせず、仲間とコンピュータの力を借りて、成長と貢献を感じながら夢中になってつくる人がＡＩ時代には輝けるのです。

日本の教育は次のステージへ

私は日頃、子どもたちだけでなく教育業界のさまざまな方ともかかわらせていただき、コミュニケーションを通じて、いろんなことを学ばせてもらっています。

そんななかでもとくに、松田孝校長（小金井市立前原小学校）と、銭本三千宏校長（大阪市立本田小学校）のお2人からは、たくさんの示唆や教えをいただいています。

このお2人はかなりタイプが異なる校長でありながら、共通して、これからの教育はリベラルアーツが重要だと言います。「リベラルアーツ」は、教養教育と訳されることが多いのですが、教養を詰め込むという意味ではありません。

もともとはギリシャ・ローマ時代の「自由七科」（文法、修辞学、弁証法、算術、幾何学、天文学、音楽）に起源を持ち、その時代に自由人として生きるための学問がリベラルアーツでした。

つまり「リベラル＝自由」「アーツ＝美術＝技」であり、「人間を自由にする技」ということです。そのなかには情操教育も含まれています。情操教育とは感情や情緒を育み、創造的で個性的な心の働きを豊かにするための教育です。

つまり今後は、心の成長も含めた人としての総合的な豊かさを育む教育が、ますます重要になってくるということでしょう。

人がイキイキと生き続けられるか否かは、シンプルに言えば、その人の心のあり方次第です。いまの自分が幸か不幸かを決めるのは自分の心ですから、心の成長と安定が、これからの時代にイキイキと生き続けられるかどうかを決めるとも言えるでしょう。

現代社会は物理的にも経済的にも情報的にも豊かになり、私たちの目の前にはさまざまな選択肢がそろっています。

その選択肢のなかから最良を選ぶことよりも、選んだ先で自由に自立した考えを持ち、自分がイキイキと楽しみながら社会に貢献していく時代なのだと気づかされました。

そのために私たちは家庭や学校と強くて良いコミュニティをつくって、イキイキと生き続けられる人を育んでいきたいと思います。

あとがき

本書に最後までおつき合いいただき、ありがとうございました。

ここまでお読みいただいた方のなかには、頭の片隅にこんな疑問が浮かんだ方もいたことでしょう。

「世界はＡＩ時代にどういう教育をしようとしているの？」

当然のことと思います。

たとえば、プログラミング教育に関して日本は遅れをとってはいません。もっとも進んでいるのは、アメリカ……と思いきや、実はイギリスです。

イギリスでは小学校からいろいろなハードに触れて学べますし、体系的なカリキュラムが出てきています。ステモンのプログラミング教育も、イギリスのカリキュラムをベースにつくっています。

アメリカは地域によって大きく差が出てきています。熱心な地域では、学校やアフータースクールなどで地域の大学生が教えていたりします。

ロシアやインド、イスラエルも、国をあげて取り組んでいますが、まだこの数年で始まったばかりです。

海外ではプログラミング教育という言葉ではなく、「コンピューティング」や「コンピューターサイエンス」と呼び、プログラミングはそのなかに組み込まれています。

一方で、トップを走るイギリスでは、カリキュラムに組み込んだことでプログラミングの活動の自由度が乏しくなった、子どもたちがのびのびと表現していない、などという課題も出てきています。

世界の状況もまだその程度なので、日本がいまこの段階で国全体として取り組めば、テクノロジーの分野で世界のトップクラスでい続けることは可能ですし、次の時代の教育の新しい常識を提案することもできるのです。

学習指導要領が変わるのは、次は２０３０年度ですから、いまこのタイミングでプログラミング教育に取り組めることは非常に意味があると思っています。

私たち民間教育の事業者は、公教育とのすみ分けを意識しながら、新しい実践に挑戦しつづけ、誰かによろこんでもらえる価値を創造し、イキイキと生き続けられる人を育てていきたいと思います。

最後に、本書を刊行するにあたってたくさんの方々にご協力をいただきました。企画してくださった山口信さんと木村茂樹さん、またＣＣＣメディアハウスの鶴田寛之さん、編集を担当してくださった中野健彦さん、岸川貴文さん、山本貴緒さん、ありがとうございました。

そして、いつも私に力をくれている家族とスタッフのみんなにも、感謝を贈ります。

これからも、子どもたちの「イキイキ」を育むお手伝いを、全力でしていきたいと思っています。

中村一彰

中村 一彰（なかむら・かずあき）

ＳＴＥＭ教育スクール「ステモン」主宰、株式会社ヴィリング代表取締役。１９７８年５月23日生まれ。埼玉県出身。埼玉大学教育学部卒。小学校教員免許、中学・高等学校教員免許取得。教師を志していたが、学生時代の教育実習で小・中学校の画一的な集団形成教育に違和感を抱き、民間企業に就職。営業職に４年半従事したのち、医療・介護向け人材ベンチャーの株式会社エス・エム・エスに転職。同社の創業期からマザーズ上場、東証一部市場変更までの成長過程において、看護師人材事業を立ち上げ、新規事業開発、人事のマネジャーを歴任した。同社での従業員採用と育成を通じて児童期の教育に改めて関心を持ち、２０１２年10月に教育事業を行う株式会社ニコフカを創業、代表取締役に就任。２０１４年に株式会社ヴィリングに社名を変更。現在、ものづくり型のＳＴＥＭ教育スクール「ステモン」のほか、探究型学習スクール「ＢＯＫＥＮ」、民間学童保育「スイッチスクール」などを主宰している。公立小学校のプログラミング教育実績ナンバー１。２０１７年度には小金井市立前原小学校に理科講師として勤務した。自身、２児の父親でもある。

文・構成　岸川貴文
編集協力　山本貴緒
校正　新井弘子
装丁デザイン　黒岩二三（Fomalhaut）
企画協力　山口信
プロデュース　中野健彦（ブックリンケージ）
DTP　プリ・テック株式会社

AI時代《じだい》に輝《かがや》く子《こ》ども
STEM教育を実践してわかったこと

2018年12月25日　初版発行

著　者　中村 一彰
発行者　小林 圭太
発行所　株式会社CCCメディアハウス
〒141-8205 東京都品川区上大崎3丁目1番1号
電話　03-5436-5721（販売）
03-5436-5735（編集）
http://books.cccmh.co.jp
印刷・製本　豊国印刷株式会社

Printed in Japan
ISBN978-4-484-18234-6